LA FAMILLE

ET

LES SEIGNEURS

DE

THIÉBLEMONT

—

1140 — 1909

ÉTAMPES

IMPRIMERIE LECESNE-ALLIEN

1, RUE DE LA PLATRERIE, 1

—

1909

VUE DE THIEBLEMONT

LA FAMILLE

ET

LES SEIGNEURS

DE

THIÉBLEMONT

1140 — 1909

ÉTAMPES

IMPRIMERIE LECESNE-ALLIEN

1, RUE DE LA PLATRERIE, 1

1909

PRÉFACE

Le 1ᵉʳ septembre 1899, aux personnes portant le nom de Thiéblemont et dont j'avais pu découvrir le domicile, j'adressais les lignes suivantes :

« Grâce aux nombreuses recherches poursuivies « durant plusieurs années dans les bibliothèques et « les archives de Paris, Châlons-sur-Marne, Troyes, « Langres, etc., j'ai pu reconstituer les origines et « l'histoire du nom, de la famille, et des seigneurs « de Thiéblemont, ouvrage qui devra être prochaine- « ment mis sous presse.

« Avant de faire procéder à ce tirage, il me semble « que ce travail serait plus complet si tous ceux qui « s'intéressent à l'histoire ou portent le nom de Thié- « blemont, soit directement, soit par alliance, vou- « laient y apporter leur collaboration en fournissant « les renseignements qu'ils possèdent, ou quelques « notes biographiques sur eux-mêmes et la branche « à laquelle ils appartiennent, avec la restriction

« qu'ils jugeraient utile, n'entendant pas qu'il y ait
« aucune indiscrétion dans ma demande.

« N'est-ce pas là le moyen de réunir les membres
« épars de cette belle et nombreuse famille, de les
« faire connaître, d'en perpétuer le souvenir et de res-
« serrer ainsi entre eux le lien qui les unit. »

Peu de personnes ont répondu à cet appel.

Est-ce indifférence, oubli, appréhension ?

Ce silence me laissa perplexe, et, sans les précieux
encouragements qui m'ont été donnés, cet ouvrage
n'aurait pas paru.

Mon but n'est cependant pas de conter une fable
et de leurrer en flattant leur amour-propre les personnes intéressées à cette notice, mon projet est plus
sincère, la vérité est mon seul guide.

Si je ne puis affirmer que la famille Thiéblemont
sort d'une lignée princière, j'ai toujours la satisfaction de constater que sa situation dans les temps
reculés et à son origine fut assez marquante pour
que son nom ait été signalé depuis bien longtemps et
transmis à la postérité.

L'adage : « On est fils de ses œuvres, etc., » dont je
suis un fervent adepte, conserve toujours son autorité
et sa valeur, néanmoins il est agréable parfois de
rappeler ce qu'ont été nos ancêtres. C'est le cas ici,
toute modestie à part.

N'ayant aucune autorité en matière historique, j'ai
dû, pour inspirer confiance, recourir à de nombreux
auteurs et faire de multiples citations pouvant paraître
fastidieuses.

Ce sera mon excuse.

I

ORIGINE DU NOM

> « L'étymologie a toujours excité
> « la curiosité ; cet intérêt n'est ni
> « vain ni de mauvais aloi. Pénétrer
> « dans l'intimité des mots est péné-
> « trer dans un côté de l'histoire, et
> « de plus en plus l'histoire du passé
> « devient importante pour le pré-
> « sent et pour l'avenir. »
>
> (LITTRÉ, *Dictionnaire de la
> langue française.*)

Les noms propres, pas plus que les autres mots, n'ont été fabriqués au hasard. Ils ont eu à l'origine une signification, un sens qu'une légitime curiosité permet de rechercher, en suivant les transformations qu'ils ont pu subir.

A l'origine, nos ancêtres, comme tous les peuples privés de civilisation, n'eurent que des noms collectifs de tribus, de *clan* ; puis ensuite, c'est-à-dire avant l'époque de la conquête romaine, chacun, selon la marche ordinaire, a été connu par une appellation unique, individuelle, significative, propre à exprimer la vertu dont en était doué, la chose qu'on désirait, l'office auquel on était parvenu. Les investigateurs de nos origines l'ont établi, et les exemples abondent. (Mémoires de l'Académie Celtique. — Guizot, *Essai sur l'histoire de France.* — Eusèbe Salverte, *Essai sur les noms d'hommes.* — Noël, *Dictionnaire étymologique des noms propres.*)

Cependant, le désordre causé du IVᵉ au Vᵉ siècles par les invasions des hordes germaniques engagea l'Église à recevoir les actes qui, selon le droit romain, étaient inscrits sur les registres de la cité. (A. Thierry, *Études historiques, Histoire des Gaulois.*)

Naturellement ces nouveaux officiers de l'état des personnes, les prêtres, se servirent de leurs calendriers à chaque naissance et proposèrent de choisir le nom de l'enfant parmi les noms des saints.

Ces deux formes de nom restèrent en usage longtemps, mais à la fin, l'une et l'autre ne permirent plus de reconnaître les hommes, car le nombre de ceux qui avaient une qualité identique, un défaut semblable ou la même profession fut infini. (Vian, *La particule nobiliaire.*)

D'autre part, la liste des saints n'était pas illimitée et obligeait de choisir dans un petit nombre d'appellations ; en sorte qu'à une cour tenue en 1171 près de Bayeux, il se trouva « cent dix chevaliers du nom de Guillaume, sans compter les simples gentilshommes et serviteurs ». (Montaigne, *Essais*, liv. I, ch. XLVI.)

Alors on chercha le moyen de distinguer les hommes les uns des autres, en mettant le plus souvent près de l'appellation du fils celle de son auteur au génitif : Jean fils de Pierre ; Joseph fils de Martin.

Mais il fallut bientôt encore convenir de l'insuffisance de ce moyen, surtout à cause de la confusion qui en résultait dans les questions d'hérédité et de mariage.

Quelques autres motifs firent chercher à nos ancêtres le deuxième nom ailleurs que dans leurs souvenirs nationaux et religieux; les guerres lointaines, les conquêtes de Charlemagne, les croisades inspirèrent aux guerriers le désir de se distinguer dans la foule.

C'est pourquoi, comme à l'époque de la ferveur religieuse on avait tiré son sobriquet des saints, dans celle de la féodalité on l'emprunta aux terres. Dès que la royauté eut octroyé à la noblesse des fiefs héréditaires, chaque seigneur s'en attribua le nom pour témoigner qu'ils étaient de toute ancienneté dans la famille et qu'ils avaient été édifiés par celle qui s'appelait comme eux.

En résumé, en France, sous les deux premières races, les noms étaient totalement personnels.

Les noms de famille n'ont commencé à se multiplier qu'à la fin du X\ siècle, ou au commencement du XI\, mais leur usage, qui date, pour les rois, du règne de Pépin le Bref, n'est devenu général, pour les particuliers, qu'à l'époque de Saint-Louis, encore même ne s'est-il pas introduit en même temps dans toutes les provinces.

Les noms propres français forment, sous le rapport de leur origine, trois ou quatre catégories distinctes. Les uns sont des noms de terre ou de fiefs, les autres des sobriquets provenant d'une multitude de causes; enfin il en est un grand nombre qui ne sont autre chose que des noms de baptême plus ou moins altérés et détournés de leur signification primitive.

Les noms de lieux, plus encore que pour les individus, ont été originairement significatifs, ils ont été composés de mots qui proviennent de la situation naturelle et désignent ce qu'il y a d'utile, de particulier, de sérieux ou de mémorable dans la localité. Ces noms, d'origine romaine, celtique, gauloise ou germanique, transmis d'âge en âge, ont subi quelques changements de prononciation.

Les villages tirent souvent leur nom de la situation, de la nature du sol, de son relief, d'une circonstance topographique. L'influence d'un lieu élevé s'est jointe pour la dénomination à l'influence religieuse.

C'est bien là le cas du nom objet de mon étude.

Le mot *Thiéblemont* se divise en deux parties faciles à distinguer : 1° Thiéble ; 2° Mont.

Sur cette dernière syllabe aucune hésitation : il s'agit d'un mont, d'une petite hauteur, et le village de Thiéblemont est en effet situé sur une légère éminence visible surtout de la route de Vitry-le-François à Saint-Dizier, éminence qu'on peut appeler *mont* eu égard aux plaines immenses qui sont la caractéristique de ces pays de Champagne. Cette description de la situation de ce village ne peut soulever aucune contestation.

Il n'en est pas de même du mot *Thiéble*, et les avis peuvent se partager en présence de plusieurs étymologies ou tout au moins d'une étymologie moins certaine.

D'après une « Notice sur les communes du département de la Marne » qu'on trouve à la bibliothèque de Châlons-sur-Marne, Thiéblemont était désigné en 1168 sous le nom de *Tiblei* ou *Teobaldi Mons* (Mont de Thibault, comte de Champagne : cette première partie du nom désignerait donc, d'après cet auteur, le suzerain sous la dépendance duquel se trouvait vraisemblablement le seigneur de Thiéblemont.

Cette version me paraît être la vraie.

D'après une autre version il s'agirait du mot *hièble*, sureau à tige herbacée qui aurait été très abondant sur le territoire de cette commune à une époque reculée ; par euphonie et pour faciliter la prononciation on aurait ajouté un *T*, d'où *Thiéblemont*.

Un troisième système, que nous donnons à titre de simple énumération, semblerait indiquer qu'il s'agit du mot *thièble*, très usité dans ces contrées pour désigner des ruches d'abeilles. L'apiculture ayant été très abondante sur ce territoire, on lui aurait donné le nom significatif de la spécialité du pays.

Une simple observation : le mot *thièble* se rapportant à une ruche d'abeilles, sans être bien nouveau, ne me parait cependant pas assez ancien pour avoir contribué autrefois à la formation du mot *Thièblemont*, dont l'origine remonte certainement à une époque où l'on se servait de la dénomination latine qui se transforma successivement et se modifia suivant le langage usité par les générations qui se sont succédées.

Le nom de *Thièblemont* a du reste subi de nombreuses modifications, il a été orthographié de bien des manières.

En 1211, il est indiqué *Thichmons* (Pouillé de Châlons).

D'après un ouvrage : *L'Élection de Vitry-le-François*, divisé par paroisses, manuscrit commencé en 1738 par de Vaverai, et publié par la Société des Sciences et des Arts de Vitry-le-François, imprimé à Tours, 1877-1878, par Paul Bouserez, volume in-8°, tiré seulement à 26 exemplaires, ce même nom est désigné en 1210: *Thelement*.

D'Hozier, tome IV, page 8, l'orthographie : *Tiesblemont*, d'après des documents de 1635.

Le père Anselme, dans son *Histoire des Grands Officiers de la Couronne*, tome III, page 731, le mentionne pourtant de cette manière : *Thieblemont*, sans accent sur l'*e*, en rappelant un fait de l'année 1556.

Le *Dictionnaire topographique du département de la Marne*, par Auguste Longnon, membre de l'Institut, de plusieurs Sociétés savantes, etc., (Imprimerie nationale MDCCCXCI) nous donne l'énumération des différentes transformations subies par ce nom, avec les noms des ouvrages qui le citent, et leur date ; elle est trop curieuse pour ne pas être rapportée ici, en voici l'énumération :

Thiebemont, 1136. Cheminon, cartulaire 11.

Thebemont, 1150. Cartulaire d'Huiron, page 20.

Tebememunt (sic). Cartulaire de Moutiers, 10916, folio 21, r°.

Thebemont, 1168. Hautefontaine, c. 6.

Tebemunt, 1164-1191. Diocèse ancien de Châlons, tome II, page 428.

Tiebemont, 1210. Cheminon, chapitre 1.

Thiebemont, 1225. Archives nationales, I. 202, 55.

Thiebmtons, 1305. Pouillé de Châlons, folios 76, 77.

Thibemonlt, 1484. Archives nationales, 179, 74.

Tibimons, 1512. Taxe du diocèse de Châlons, page 210 p².

Thieblement, 1558. Cartulaire d'Huiron, page 152.

Thiblemont, 1572. Archives nationales, pages 179, 122.

Teobaldi Mons, 1890. Cornet Paulus.

Et d'après mes propres recherches :

Tiebmont, 1560. Père Anselme, tome VII, p. 49, D.

Thielemant, 1552. *Massacre de Wassy*, par Victor Boreau, archives et bibliothèque de Troyes.

Tiesblemont, 1635. D'Hozier, tome IV, page 8.

Thiellemont, 1665. Archives de Langres.

Thelement, 1738. Manuscrit de Vaverai.

Il y a lieu de remarquer que malgré cette diversité d'orthographe la localité en vue et désignée ainsi par tous ces auteurs est toujours la même ; il s'agit bien du village et de la terre de *Thieblemont*, et la lecture des ouvrages cités en fournit la preuve incontestable. Aucun autre pays semblable de nom ou d'orthographe similaire n'existe en Champagne ni même en France.

D'Hozier en écrivant *Thiesblemont* au lieu de *Thieblemont*, n'en avait pas moins l'intention de désigner ce village, puisqu'il mentionne en même temps deux autres villages voisins dont il détruit également l'orthographe actuelle. Ainsi il écrit *Hez-Luttier* pour *Heiltz-le-Huttier*.

Pourquoi s'étonner de ces mots différents?

Même à cette époque, combien de personnes ayant entendu pour la première fois ce nom ou ne l'ayant jamais lu, le prononcent-elles ou l'écrivent-elles correctement?

Le plus souvent on l'écrit *Thièblement* ou *Thièblemont* avec un accent grave sur l'*e* au lieu d'un accent aigu, ou encore *Tiéblemont* sans *h*.

Et j'en passe bien d'autres plus fantaisistes encore.

En somme, de toutes ces désignations diverses on est arrivé au mot définitivement orthographié *Thiéblemont*, le seul de ce genre en France.

II

ORIGINE DE LA FAMILLE
ANCIENNE EXTRACTION

> « Le nom est le capital accu-
> mulé d'honneur et de qualités
> d'une famille. »
>
> (Louis Vivi, Avocat, p. 12.)

Si j'ai tant insisté dans le chapitre précédent sur les différentes manières d'écrire le nom de *Thiéblemont*, c'est pour établir d'une façon catégorique que malgré toutes ces divergences il n'y a qu'un seul et unique nom de *Thiéblemont* en France, et que toutes ces dénominations, différentes en texte, se rapportent néanmoins au même sujet.

J'en déduis donc que tous ceux qui portent le nom de *Thiéblemont* ont une attache plus ou moins rapprochée avec ce lieu, avec ce village, avec cette terre, dont ils portent le nom, qu'ils ont conséquemment une origine commune, et par suite, des attaches communes également.

Ce nom a été donné originairement à une seule personne, la première incontestablement, c'est-à-dire à l'auteur commun ; ou bien cet auteur commun a donné son nom à la terre dénommée aujourd'hui comme lui : c'est ce que j'examinerai plus loin.

Dans un cas comme dans l'autre, nous nous trouvons en présence du premier *Thiéblemont*.

Quel était ce premier du nom ?

A quelle époque vivait-il ?

Baluze place l'origine des noms de famille au commencement du x° siècle. And. Duchesne et P. Mathieu disent que ce fut sous Hugues Capet et Robert (987-997) que cet usage s'introduisit. Sismondi met sous Henri 1er, pendant les guerres suscitées entre Guillaume le Bâtard et Gui de Mâcon au sujet de la Normandie, le moment où, pour distinguer leur race, les nobles adoptèrent, presque universellement, le nom de leurs seigneuries héréditaires.

C'est pendant le règne de Philippe 1er, vers 1062, que M. Vallet de Viriville, professeur à l'école des Chartes (cours du 10 décembre 1862), a trouvé pour la première fois dans les actes un seigneur ajoutant à son nom celui de son fief.

Ainsi que je l'ai dit précédemment, les noms propres français forment trois catégories distinctes : 1° Noms de terres ou fiefs, 2° sobriquets, 3° noms de baptême altérés.

Les noms de la noblesse appartiennent presque tous à la première catégorie. Ceux qui possédaient des provinces ou des villes se nommèrent de ces provinces ou de ces villes.

Les nobles qui n'avaient que des villages ou des châteaux prirent les noms de ces villages ou de ces châteaux.

D'autres enfin, et c'étaient les plus nombreux, qui n'avaient que de simples domaines seigneuriaux, se nommèrent de ces domaines.

Les noms des familles nobles sont donc presque toujours des noms de provinces, de villes, de villages, de châteaux ou de domaines (*Science des Armoiries*, par Maigne, page 132).

Donc, dès 950 ou vers l'an 1000, un *Thiéblemont*, propriétaire de la terre de Thiéblemont, vivait sur ses domaines. Aucun document ne nous en donne la certitude, il est vrai, jusqu'en 1240, mais avant cette époque les documents, il faut le reconnaitre, étaient rares, surtout à l'égard de ceux dont l'histoire n'a pas été transcendante ; les seigneurs de Thiéblemont n'ont pas occupé de situation prépondérante, et les documents, s'ils ont existé, sont probablement anéantis, disparus. Néanmoins l'existence d'un *Thiéblemont* dès cette époque reculée doit être considérée comme certaine à raison du nom lui-même qui existait dès cette époque, et à raison de cette date à laquelle les propriétaires ou seigneurs prirent les noms de leurs terres. Si nous n'avons pas les preuves, nous avons, à défaut, des présomptions graves, précises et concordantes qui, en droit, tiennent lieu de preuves dans bien des cas.

Le chef originaire portait le nom d'un village, peut-être celui d'une terre si ce village n'existait pas, ou bien il donna son nom à ce village, ou bien encore ce village a pu lui donner le sien, alternatives que je vais examiner.

M. H. Tisseron, officier d'académie, membre de plusieurs Sociétés savantes, etc., publia en 1895 quelques lignes sur la famille Thiéblemont dans ses « Annales historiques », documents authentiques sur les familles nobles et les notabilités, fondées depuis cinquante ans sous le patronage de M. Baour-Lormian, de l'Académie française ; dans ces quelques lignes il est dit :

« Très ancienne famille, originaire de la province de « Champagne ; elle a donné son nom à une seigneurie « située près de Vitry ;

« Authentiquement connue dès 1240, etc..... »

Denisart dit qu'en remontant aux siècles les plus reculés on voit que dans les partages et divisions des patrimoines, chaque héritier donnait son nom au lot qui lui était échu : « *Vocaverunt nomina in terris.* »

D'après ces versions, le seigneur de tout ou partie d'un village qui porte son nom, a été le parrain et peut-être le fondateur de ce village.

Tandis que d'après les auteurs cités au premier chapitre, ce serait au contraire le noble qui, pour se reconnaître, aurait pris le nom de la terre qu'il possédait.

M. Mallet, bibliothécaire des Archives de Châlons-sur-Marne, m'écrivait au mois d'août 1891 :

« Je ne vois pas qu'une famille du nom de Thiéble-
« mont ait donné son nom à une seigneurie de ce nom.
« Ce serait le contraire qui devait avoir lieu, c'est-à-dire
« la terre donnant son nom à celui qui l'achetait ou en
« héritait. »

Je n'ose me prononcer sur ces deux systèmes, mes connaissances en matière historique ne sont pas assez profondes pour émettre une opinion autorisée. J'ai cru devoir néanmoins les exposer à cause de l'intérêt qu'ils comportent ; il appartient à mes lecteurs de donner la solution qu'ils jugeront la plus rationnelle.

Quoi qu'il en soit, sans pencher ni pour l'un ni pour l'autre, il en découle un fait incontestable : que le seigneur de Thiéblemont ait donné son nom à la terre de Thiéblemont, ou bien que ce soit celle-ci qui lui ait donné le sien, cette constatation, qu'elle soit prise dans un sens ou dans l'autre, établit l'existence du titulaire du nom de *Thiéblemont*, c'est-à-dire d'un ancêtre, à une époque très ancienne.

L'histoire des comtes de Champagne par d'Arbois de Jubainville, consultée dans la bibliothèque de Troyes, signale les seigneurs de Thiéblemont dès l'année 1140; c'est l'époque la plus reculée à laquelle il m'a été permis de trouver trace d'un personnage portant ce nom.

Cet auteur nous enseigne (t. VII, p. 63) que sous Henri le Libéral, comte de Champagne (1152-1181) on comptait dans l'élection de Vitry-le-François 26 châtellenies et 159 chevaliers, parmi lesquels figure *Aubers deu Plaissie seigneur de Thiéblemont.*

Il est encore dit à la table, page 251, que cet Aubert était fils d'un autre Aubert et d'Ermengarde; il alla à la croisade en 1213 et laissa de sa femme Agnès trois fils.

Si Aubert, fils d'un autre Aubert et d'Ermengarde, est allé à la croisade en 1213, il y a lieu d'admettre qu'à cette date il pouvait avoir au moins 25 ans, ce qui remonterait l'époque de sa naissance à 1188. Son père, à la date indiquée de 1188 de sa naissance, avait environ 30 ans; nous arrivons ainsi à l'année 1158, époque certaine à laquelle vivait un *Thiéblemont.*

Aubert est un prénom, sous sa forme originelle on reconnaît *Albert,* d'après Augustin Thierry, dans ses *Lettres sur l'Histoire de France,* page 185. Or, nous avons vu précédemment qu'à une certaine époque, à raison de la multiplicité des noms de baptême et de la confusion qui en résultait, les nobles, pour se reconnaître, ajoutaient le nom de la terre qu'ils possédaient; c'est ainsi que les noms propres, les noms de famille furent créés.

Or, Aubert ajouta à son prénom celui de *Thiéblemont* dont il posséda la terre; de quelle manière l'ajouta-t-il? Comment signait-il?

Est-ce Aubert Thiéblemont, simplement?

Ou Aubert de Thiéblemont, avec la particule?

Les historiens le mentionnent presque toujours avec la particule.

III

LA PARTICULE (DE)

> « La Noblesse est bonne en soi
> à la condition que celui qui pré-
> tend représenter une longue
> suite d'aïeux soutienne digne-
> ment leur nom par son cou-
> rage, ses talents, et son mé-
> rite personnel. »
>
> (PLUTARQUE, *Traité sur la Noblesse*).

Mais cette particule existait-elle réellement ?

Le nom peut-il être écrit sans son addition tout en conservant son ancienne origine ?

Oui, sans aucun doute, car la particule ne caractérise nullement la noblesse ; elle peut en outre avoir été supprimée pour des causes diverses : le seigneur de Thiéblemont vendant ou abandonnant sa terre et conservant toujours son nom ; ou bien, au moment de la Révolution, elle a pu également être supprimée par ordre supérieur ou par mesure de sécurité.

Et quand je dis que la particule ne confère pas la

noblesse, et qu'on peut être d'une noble origine sans l'ajouter à son nom, je dois, pour justifier cette allégation, suivant ma promesse, citer les auteurs à l'appui de cette thèse :

Maigne, dans son ouvrage *La Science des Armoiries*, dit, page 111 :

« Dès le xi° siècle, quand le régime féodal se trouva « définitivement constitué, il parut commode de désigner « chaque seigneur par le nom de sa terre, la préposition « latine *de* ne servait donc primitivement qu'à exprimer « une idée de relations entre les mots qu'elle séparait.

« Quoi qu'il en soit, elle n'est pas une preuve de no- « blesse, elle fait présumer simplement la propriété, car, « pendant les deux derniers siècles, les bourgeois se « disaient « sieurs » de leurs prés, de leurs vignes tout « aussi bien que les gentilshommes de leurs terres sei- « gneuriales.

« Dès le règne de Louis XIII, cette particule était de- « venue une sorte de qualification honorable que l'on « attribuait « à toutes les personnes honnêtes », même à « M. de Molière, à M. de Corneille, à M. de Voiture, etc., « tandis que les Molé, les Pasquier, les Séguier ne se « trouvaient pas moins bons gentilshommes ou anoblis, « bien qu'elle ne précédât pas leur nom. (Ed. de Barthé- « lemy, *la Noblesse de France*, etc., p. 79.) »

Il est en outre à observer qu'une foule de noms rotu- riers, tels que ceux de Dubois, Delachapelle, Dutaillis, s'écrivaient primitivement en deux mots, pendant qu'un grand nombre de nobles de race, les Foucaul, les Damas, les Pollet, les Montmorency, etc., ne prenaient aucune particule.

« Les véritables gentilshommes, disait de la Roque au « xvii° siècle, ne cherchent pas ces vains ornements, sou- vent même ils s'en offensent. »

Bon nombre de personnes voulaient s'attribuer les prérogatives de la noblesse en mettant devant leur nom la particule *du* ou *de*, prétention dont le célèbre Loyseau (*Traité des Ordres*) signale le ridicule avec la franchise et la naïveté de bon sens qui règnent dans ses écrits. (Dalloz, *Jurisprudence générale*, au mot *nom*, page 500, n° 5.)

Je ne puis m'empêcher de citer encore l'opinion de M. Bachelin-Deflorenne, l'auteur bien connu de l'*État de la Noblesse française en 1887*, on lit dans l'introduction page X :

« Dans leur ardeur à se qualifier, les gens de roture
« ne se donnent plus le temps d'apprendre les usages,
« et lorsqu'ils croient montrer leur noblesse, ils ne font
« qu'étaler leur ignorance et leur prétention ; ils signent
« imperturbablement avec la particule qu'ils ont em-
« pruntée et violent par là le bon sens et la règle. Les
« ducs de Chatillon signaient : *Chatillon* ; les ducs de
« Luxembourg signaient : *Luxembourg*, et les ducs princes
« de Montmorency, premiers barons chrétiens, signaient :
« *Montmorency*. Le parvenu signe : *de la Taupinière*,
« sans se douter qu'il marque ainsi d'une date indélébile
« sa récente acquisition. Il ne sait pas qu'à peu d'excep-
« tions près, le nom ne comporte la particule que lors-
« qu'il est précédé d'un titre, d'une qualification ou d'un
« prénom. Cette ignorance a, depuis le XVIIIᵉ siècle,
« franchi toutes les révolutions ; les livres de nos écri-
« vains sont remplis de ce solécisme..... »

« La noblesse, continue Maigne dans son même ouvrage,
« page 116, on ne le sait pas assez, quoique ce soit une
« vérité aussi banale que possible, est parfaitement indé-
« pendante des titres, qui ne sont en quelque sorte qu'un
« ornement, une décoration ajoutée à la noblesse elle-
« même. Leur défaut n'empêche pas une famille d'être

« d'une aussi ancienne extraction que celle qui a été plus
« favorisée par la fortune ou par la faveur d'un prince.
« (Ed. de Barthélemy, ouv. cité ; il arrive très souvent
« qu'une famille non titrée remonte à une époque beau-
« coup plus reculée que celle dont les membres s'attri-
« buent les qualifications les plus ambitieuses. »

Il est inutile de multiplier les citations, j'ai suffisamment démontré que la particule n'engendre pas la noblesse, tout au moins celle d'origine ancienne. Il ne faut
pas conclure de là que tous ceux qui portent la particule
ne sont pas nobles ; ma démonstration ne tend pas à ce
but qui serait contraire à la vérité. J'ai seulement voulu
faire connaitre que la famille *Thiéblemont* sans aucune
particule ajoutée à son nom, peut être parfaitement noble,
qu'en tous cas, elle est d'une très ancienne origine, que
tous ceux qui portent ce nom doivent le conserver ainsi,
sans y rien ajouter, la particule ayant pu disparaitre par
les causes énoncées plus haut, et sa disparition n'enle-
vant rien à son caractère d'ancienne extraction.

LES ANCÊTRES

« Nos pères ont passé par les mêmes chemins.
« Chargés du même sort, nos fils prendront nos places.
« Ceux qui ne sont pas nés y trouveront leurs traces. »

(LAMARTINE.)

Le berceau de la famille est sans contredit la terre ou le village de *Thiéblemont*, dans le Perthois, près de Vitry-le-François, en Champagne.

Il ne rentre pas dans le cadre de cet ouvrage de faire la monographie de ce village; je donnerai sur ce pays quelques renseignements succincts puisés aux sources les plus authentiques et ceux résultants d'une visite personnelle faite en septembre 1908.

Actuellement *Thiéblemont*, indiqué sur les cartes géographiques *Thiéblemont-Farémont* à cause de la réunion de Farémont à cette commune, est un village de 300 habitants environ, situé dans le département de la Marne, arrondissement de Vitry-le-François, à peu de distance de la route nationale, à 12 kilomètres de Vitry-le-François et 44 de Châlons-sur-Marne.

Chef-lieu de canton, comprenant 33 communes, 10.819 habitants, et 31.031 hectares d'étendue.

Les constructions sont en bois, comme dans tous ces villages de la Champagne, mais ce genre de construction tend à disparaître pour être remplacé par de la brique.

La rue principale, et pour ainsi dire unique, est large, bien aérée, avec des trottoirs d'une bonne dimension également.

L'hôtel de ville, qui comprend la mairie, la justice de paix et les écoles, est de construction récente.

Les habitants sont en majorité composés de propriétaires cultivateurs, peu ou presque pas de commerçants.

De Vaverai, dans son manuscrit de 1738, donne les indications suivantes (je respecte l'orthographe) :

« Thiéblemont, à deux lieues et demie de Vitry, au levant, village et paroisse dans le Perthois et sur le bord du chemin roial.

« Cette terre appartient à M. de Wignacour, ancien lieutenant-colonel de Noailles-Cavalerie, du chef de dame Marie de Choisy, héritière de ses pères.

« Il y a fontaine dans le milieu du village qui abreuve les fossés du château.

« Il y a un moulin à vent appartenant au seigneur et qui est fief.

« Il y a un petit bois de haute futaie.

« Il y avait anciennement une chapelle hors du village, sur le chemin qui conduit à Favresse fondée par... Le seigneur de Thiéblemont y nomme comme patron laïque. Depuis sa destruction dont on ignore le tems, les fondations sont acquittées par le curé de l'église paroissiale en la chapelle du seigneur.

« Patron : saint Laurent. — L'abbé de Huiron nomme. — L'évêque confère. — Diocèse de Chaalons. — Coutume, baillage, grenier, maitrise, subdélégation de Vitry.

« Terrain à froment, orge et avoine. Quelques prés. Assés bons habitans. Labourage considérable. Terres de bon revenu. Bon Perthois. »

D'après d'Arbois de Jubainville, les plus anciens seigneurs de Thiéblemont connus sont :

1° En 1140, Aubert, ou Albert, époux d'Ermengarde.

2° En 1175, son fils Aubert, époux d'Agnès, alla à la croisade en 1213 ; eut quatre fils :

I Aubert ; II Gaucher, croisé en 1239 ; III Aubert, seigneur du Plessis, du Petit Vavray et de Thiéblemont après son frère ; IV Witier, frère d'Aubert, chanoine en 1213 de Saint-Etienne de Chalons.

De Vaverai donne la mention suivante :

« Anciens seigneurs : en 1210 Aubert du Plessis, chevalier, seigneur de Thelément (Thiéblemont, vend au chapitre ce qu'il avait dans le fons de Vitry, qu'il tenait en fief. »

Donc, à cette époque Aubert disparait, il a vendu ce qu'il possédait. Pour quelle cause ? On l'ignore.

Gaucher, le second fils a dû disparaître dans la croisade, s'il est revenu, sa situation de deuxième enfant ne lui donnant aucun droit à l'héritage de ses pères, il a pu, ou comme Witier son quatrième frère, entrer dans les ordres ecclésiastiques, ou continuer une famille en s'adonnant à une profession quelconque, l'agriculture probablement.

La famille Thiéblemont a donc pour origine les Aubert, puis elle se divise vraisemblablement en deux lignes : celle d'Aubert, et celle de Gaucher ; les descendants sans fortune se disséminent, les uns suivant la vocation des armes, les autres entrant dans les ordres du clergé, d'autres enfin se livrant à la culture.

En tous cas, depuis cette date 1210 on ne fait plus mention des Aubert ou Gaucher pour la terre de Thiéblemont, et on ne retrouve trace des nouveaux seigneurs de Thiéblemont que vers 1185, c'est-à-dire deux cents ans plus tard ; et d'après l'ouvrage : *La Recherche de la Noblesse de Champagne*, par M. de Caumartin, ces nouveaux seigneurs portent le nom de Choisy, rien de commun avec les Aubert.

Ces derniers semblent disparaître au moment de la réunion de la Champagne au royaume de France (1286).

Cette province, en ces temps reculés, appartenait aux comtes de Champagne sous la dépendance desquels se trouvaient les seigneurs de Thiéblemont. Hugues Ier et Thibaut II eurent des démêlés avec le roi de France Louis VII dit le Jeune, il en résulta que celui-ci vint guerroyer en Champagne, il ravagea cette province et l'histoire nous apprend qu'en 1142 il vint assiéger la place de Vitry-en-Perthois, la prit d'assaut et l'incendia ; 1.300 personnes auraient péri dans son église.

Il est certain que le sire de Thiéblemont, compagnon d'armes obligé du comte Thibaut, ressentit le contrecoup de ce désastre, et que son fief, voisin de Vitry, fut amoindri, peut-être détruit.

Mais alors, ces événements sont antérieurs à la date à laquelle on parle des Aubert. Ont-ils été les contemporains du comte Thibaut, ou ont-ils succédé aux premiers Thiéblemont qui seraient disparus avec leur suzerain ?

Ces questions que je ne puis résoudre me laissent toujours la certitude qu'il existait dès cette époque lointaine un propriétaire portant le nom de *Thiéblemont* non transmis à cette famille devenue plus nombreuse. Qu'elle descende des possesseurs de la terre antérieurs à l'incendie de Vitry, ou des Aubert signalés seulement en 1140, elle a toujours son origine attachée à un propriétaire ou seigneur de ce village. Les documents remontant à cette époque sont certainement disparus, et qui sait si réellement il en exista, car il ne s'agit pas ici d'une famille princière ou de haute lignée dont le passage est presque toujours signalé par des documents historiques, il s'agit seulement des seigneurs de Thiéblemont dont l'origine est plus modeste.

Que sont devenus tous ces ancêtres?

La noblesse française était divisée en deux espèces très distinctes, la noblesse de cour et la noblesse de province.

Les provinces différentes du royaume, dit Barbier dans son *Journal historique* (janvier 1751), sont remplies d'une infinité de noblesse pauvre, chargée d'enfants, que les pères et les mères n'ont pas le moyen de faire élever dans une éducation convenable, encore moins de faire entrer au service.

Les enfants de cette noblesse passent leur jeunesse avec des paysans, dans l'ignorance et la rusticité, servent le plus souvent à l'exploitation de leurs biens, et ne diffèrent, au vrai, des paysans, que parce qu'ils portent une épée et se disent gentilshommes.

L'abbé Coyer, dans sa *Noblesse commerçante* (1756), fait aussi la peinture de l'état de la noblesse de province de cette manière : « Cette noblesse obscure, qui voit tomber en ruines chaque jour le château de ses pères, sans pouvoir l'étayer, non pas cette noblesse attachée à la cour, toujours grandement occupée du lever ou du coucher du roi, et faite par là même pour toutes les grâces, mais cette noblesse enchaînée par l'indigence, sur qui le soleil ne se lève que pour éclairer sa misère, et qui n'a point d'ailes pour voler aux récompenses... »

« En somme, dit le marquis de Bouillé dans ses mémoires, à l'époque du règne des Bourbons, la plupart des nobles végétaient dans leurs provinces. L'aîné de la famille était ordinairement au service, avec un grade d'officier, mais ses frères et sœurs avaient bien de la peine à vivre sur la terre de leurs ancêtres; car ils ne pouvaient, sous peine de déroger, s'occuper de commerce et d'industrie. Le père se voyait donc forcé de faire de son second fils un prêtre ou un moine; de ses filles qu'il ne mariait pas, faute de dot, des religieuses. L'état ecclésiastique n'était pas, du moins pour les nobles, une condition incompatible avec la noblesse. »

« Il y avait en France, dit cet auteur, à peu près 80.000 familles dont l'origine se perdait dans les temps reculés de la monarchie. Parmi celles-ci on en voyait à peine deux ou trois cents qui avaient échappé à la misère et à l'infortune. »

Faut-il s'étonner, après ces descriptions, que la famille Thiéblemont, devenue nombreuse, ait quitté le berceau de ses ancêtres, qu'elle fût disséminée autour de ce berceau, sans s'éloigner beaucoup, puisqu'on la retrouve surtout dans les départements limitrophes de la Marne.

Tout en conservant intact avec un soin jaloux l'honneur de ses ancêtres, elle rentre dans une obscurité relative, et contracte des alliances qui, exemptes de titres nobiliaires, n'en sont pas moins très honorables.

V

LES ANCIENS SEIGNEURS
LA FAMILLE DE CHOISY

De 1240 à 1485, aucune trace, aucune mention des seigneurs de Thiéblemont.

Dans son manuscrit de 1738, de Vaverai porte comme seigneurs de ce nom la famille de Choisy, en ces termes:

« En 1603 et avant, Pierre de Choisy et Catherine de
« Verneuil sa femme. Luy mort, le 27 octobre 1620, a
« laissé son fils.

« En 1620, Warin de Choisy, mort en 1647, devant
« Courtray, et Suzanne de la Rochelle, dame de Donjeu,
« Epinan, etc. Celle-ci morte en septembre 1661, et son
« cœur rapporté à Thiéblemont. Elle a épousé, en
« deuxièmes noces, Robert d'Anglebonner, chevalier,
« seigneur de Laigny.

« En 1647, Charles de Choisy, mort en 1707; c'était
« son fils.

« En 1707, Marie de Choisy, mariée à Conrad de
« Vignacourt, etc... »

M. de Caumartin, intendant en Champagne en mars 1669, dans son ouvrage sur la Noblesse de Champagne, imprimé à Châlons en MDCLXXIII donne la généalogie suivante de la famille de Choisy :

Leur écusson, reproduit ci-dessous est : « d'azur au chef emmanché d'or. »

Armoiries de la famille de Choisy, seigneurs de Thiéblemont.

I. En 1485, Louis de Choisy, capitaine de Saint-Dizier et de Fontvens en Bourgogne, son épouse fut Catherine de Saint-Baussan.

Il signale à ce sujet : 1° Un transport du 13 avril 1190 reçu par Joachim Husson et Guillaume de la Veuve, notaires au Tabellionage de Vitry, fait par Pierre du Terme escuyer, à honoré sieur Louis de Choisy, escuyer et à damoiselle Catherine de Saint-Baussan, sa femme, d'une rente ;

2° Foi et hommage du 17 octobre 1505 rendus à Jacques de Grand-Pré, chevalier, baron d'Arziliers, seigneur de Hans, des Armoises et de Sery par Louis de Choisy, escuyer, seigneur de Longchamp pour la terre et seigneurie de Thiéblemont ;

3° Donation du 20 janvier 1511, signée Bourgeois et

Drouailles, faite par damoiselle de Saint-Baussan, veuve de noble seigneur Louis de Choisy, escuyer, seigneur de Thiéblemont et de Vouges et capitaine de Fontvens à Jean de Vergy et à Jacques de Choisy, ses enfants, de tout ce qu'elle avait au Terroir d'Antigny.

Il résulte de ces documents que Louis de Choisy eut de son mariage avec Catherine de Saint-Baussan deux enfants : une fille dont nous n'avons pas le nom, mais qui fut probablement mariée à Jean de Vergy, d'après la donation indiquée plus haut, et Jacques de Choisy son fils, le continuateur de la famille.

II. En 1511, Jacques de Choisy, fut bailli de Fontvens, marié en premières noces à Marguerite de Clefmont, et en secondes noces à Denise d'Aillancourt.

A l'appui :

1° Aveu et dénombrement du 2 janvier 1511, signé Drouailles, rendu au Roy pour la Terre et Seigneurie de Vouges par Jacques de Choisy, escuyer, seigneur de Thiéblemont, et bailly de Fontvens ;

2° Deux actes de foy, hommage du 20 octobre 1511, signés Roland, rendus à Jacques de Grand-Pré, chevalier seigneur de Hans, comte de Dampierre, baron et seigneur d'Arzilliers par Jacques de Choisy, escuyer, seigneur de Vouges, en son nom et de demoiselle Catherine de Saint-Baussan, veuve de Louis de Choisy, escuyer, pour une partie de la terre et seigneurie de Thiéblemont.

On ne lui connaît qu'un fils, Louis.

III. Louis de Choisy, homme d'armes de la compagnie d'ordonnance de Robert, seigneur de Sedan, fut marié à Barbe de Luxembourg ; ses descendants furent : Claude, son fils héritier, et deux filles : Isabeau et Marguerite.

D'Arbois de Jubainville en donne la biographie suivante :

« Louis de Choisy, seigneur de Thiéblemont et homme

d'armes de la compagnie d'ordonnance de Robert de la Mark, seigneur de Sedan, duquel et de sa femme Barbe de Luxembourg, fille d'Antoine, seigneur de Lucemont et d'Isabeau de Marolles, sortirent : 1° Isabeau de Choisy, femme de Jean de Verneuil, seigneur d'Orcon ; 2° Marguerite, femme de Pierre de Noirefontaine, vicomte de Vonciennes, puis de Robert de Baudier, seigneur de Serigny, etc. »

Louis, le deuxième de ce nom de la famille de Choisy, naquit du second mariage de son père Jacques avec Denise d'Aillancourt.

Le fait est établi par les documents suivants :

1° Aveu et dénombrement du 8 octobre 1525 rendu à noble seigneur Claude de Clefmont, seigneur de Sainte-Livière, par Guillaume de Sommière, escuyer, seigneur d'Isles, curateur de Louis de Choisy, escuyer, seigneur de Thiéblemont pour une partie de la terre et seigneurie de Curel qui luy estait échue par la mort de Jacques de Choisy, escuyer, et de damoiselle Denise d'Aillancourt ses père et mère ;

2° Foy et hommage de la terre et seigneurie de Thiéblemont du 22 juin 1525, signé Roland, rendue à Guillaume de Grand-Pré, comte de Dampierre, baron d'Arzilliers et seigneur de Hans par Guillaume de Sommière, escuyer, sieur d'Isles, tuteur de Louis de Choisy, escuyer, fils de feu Jacques de Choisy.

3° Aveu et dénombrement du 16 octobre 1539, signé Grenet, rendu à haute et puissante dame Madame Magdeleine de Grand-Pré, comtesse de Dampierre, baronne d'Arzilliers, etc., par noble homme Louis de Choisy, escuyer, seigneur de Longchamp et de Sainte-Livière pour un quart de la terre et seigneurie de Thiéblemont qui lui estoyt échu par la mort de noble homme Jacques de Choisy, son père.

IV. En 1562, Claude de Choisy, fils et héritier de Louis le deuxième, épousa Claudine de la Baume dont il eut un fils et deux filles : Pierre, Magdeleine et Catherine.

Il fut commandant pour le roi à Saint-Dizier.

A la date du 5 septembre 1569, on signale un contrat de mariage signé Brulé et Royer, notaires en la Prévosté de Bonnay entre Claude de Choisy, escuyer, seigneur de Thiéblemont, de Sainte-Livière et d'Espagne, assisté de Jean de Verneuil, seigneur d'Orcon et damoiselle Claudine de la Baulme, fille de feu messire Estienne de la Baulme, chevalier, seigneur d'Eslais et de Bélignicourt et de Georges de la Baulme, ses frères.

On trouve encore à la date du 5 décembre 1576 un contrat, signé Hérard, commis au tabellionage de Vitry, de constitution de rente faite par Philbert de Luxembourg, escuyer, seigneur de Lucemont et d'Espaigne en partie, à Louis de Choisy, escuyer, seigneur de Thiéblemont, ayant la garde noble de Claude, Claude et Marguerite de Choisy, ses enfants et de feue damoiselle Barbe de Luxembourg, et à Jean de Verneuil, escuyer, seigneur d'Orcon en partie, et damoiselle Isabeau de Choisy, sa femme.

Claude fut également vassal des ducs de Guise, il occupa d'assez beaux grades dans les armées du Roy et des postes importants lui furent confiés dans la ville de Saint-Dizier.

La confirmation de ces faits est établie par les documents suivants :

1° Foy hommage du 7 août 1571, signé Bertrand, greffier au bailliage d'Arzilliers, rendu par Claude de Choisy, escuyer, pour la terre et seigneurie de Thiéblemont à Antoine de Chaulmont, seigneur de Saint-Chéron et surintendant des affaires de Monseigneur le duc de Guise, baron d'Arzilliers ;

2° Aveu et dénombrement du 9 mars 1572 rendu à

très-puissant et illustre prince Monseigneur Henry de Lorraine, duc de Guise, Prince de Joinville, Pair et Grand Maistre de France, Lieutenant général pour le Roy en ses pays de Champagne et de Brie, comte de Nanteuil et baron d'Arzilliers, par Claude de Choisy, escuyer, seigneur de Sainte-Livière et d'Espagne en Pertois pour la terre et seigneurie de Thiéblemont qui lui estait échûe par la mort de noble homme Louis de Choisy, son père;

3° Commission donnée par le Roy au sieur de Thiéblemont pour commander au lieu du sieur de Bassompierre en la ville de Saint-Dizier, en l'absence du sieur de la Mauvissière, le 11 février 1570;

4° Commission donnée par Henry de Lorraine, Prince de Joinville, lieutenant général en Champagne et Brie, au sieur de Thiéblemont de la charge et conduite de 40 hommes de guerre pour la conservation de la ville de Saint-Dizier.

Remarquons que ces deux dernières Commissions ne mentionnent plus les de Choisy, mais le sieur de Thiéblemont, tout particulièrement. S'agit-il de deux personnes différentes, et les de Choisy auraient-ils pris exclusivement le nom de Thiéblemont, leur terre?

En 1595, Pierre de Choisy, fils aîné du précédent Claude, fut capitaine au régiment de Vernancourt et épousa Catherine de Verneuil; ils n'eurent qu'un fils : Varin, le dernier descendant mâle de cette famille.

Titres à l'appui :

1° Actes d'émancipation du 22 may 1595 à Pierre de Choisy, escuyer, seigneur de Thiéblemont et à damoiselles Magdeleine et Catherine de Choisy, enfants de feuz Claude de Choisy et de damoiselle Claude de la Baulme;

2° Foy et hommage de la terre et seigneurie de Thiéblemont du 12 may 1599 rendus à M... Robert de la Vieuville, vicomte de Farbus, chevalier des ordres du Roy, baron d'Arzilliers, par la veuve de Claude de Choisy, escuyer et les damoiselles Magdeleine et Catherine, ses enfants;

3° Contrat de mariage du 31 janvier 1610 entre honoré seigneur Pierre de Choisy, fils de feu honoré seigneur Claude de Choisy, seigneur de Thiéblemont et damoiselle Catherine de Verneuil, fille d'honoré seigneur François de Verneuil, escuyer, seigneur du Plessis, assisté de honoré seigneur Gaspard de Verneuil, escuyer, seigneur d'Orcon.

Pierre de Choisy, d'après de Vaverai, est mort le 27 octobre 1630.

En 1630, Varin de Choisy, sur lequel j'ai peu de renseignements, eut de son mariage avec Suzanne de la Rochelle quatre enfants, deux fils : Charles et Claude, et deux filles : Edmée et Nicole.

Son contrat de mariage fut passé à la date du 21 avril 1636; il y est indiqué : « Varin de Choisy, chevalier, seigneur de Thiéblemont, capitaine d'une compagnie entretenue au Régiment du sieur de Vernancourt, fils de messire de Choisy, escuyer, seigneur de Thiéblemont, et son épouse, damoiselle Suzanne de la Rochelle. »

Deux contrats de vente eurent lieu les 16 mars 1643 et 11 novembre 1644 par Claude Tournebulle, escuyer, seigneur de Lucemont et Claude Gaylal, à honoré seigneur Varin de Choisy, escuyer, seigneur de Thiéblemont.

Ainsi qu'il a été dit au commencement de ce chapitre, Varin (par un V, suivant de Caumartin) ou Warin (par un W, d'après de Vaverai) est décédé devant Courtray en 1647.

Un acte de souffrance pour la terre et seigneurie d'Orcon, fait le 16 mai 1656, indique qu'il était décédé à cette date, puisqu'il est donné à dame veuve Varin de Choisy, escuyer, seigneur de Thiéblemont et tutrice de Charles, Claude, Edmée et Nicole de Choisy, ses enfants.

Les deux filles, Edmée et Nicole, furent religieuses à Saint-Jacques-les-Vitry.

En 1647, Charles de Choisy succède à Varin; il meurt en 1707.

Ici, les documents nous manquent, mais apparemment Charles n'eut qu'une fille et pas de fils, puisque Marie de Choisy, en 1707, est mariée à Conrad de Vignacourt et que la terre et seigneurie de Thiéblemont passe aux Vignacourt.

Par l'énumération qui précède, on voit que la famille de Choisy fournit les plus nombreux et les plus puissants seigneurs de Thiéblemont.

VI

SUITE ET FIN
DES SEIGNEURS DE THIÉBLEMONT
LES FAMILLES DE VIGNACOURT
ET DE L'ESPÉROUX

D'après le *Traité des Armoiries* de Victor Bouton, Vignacourt porte : *D'argent à trois fleurs de lys au pied coupé de gueules.*

Armoiries de la famille Vignacourt, seigneurs de Thiéblemont.

Et cependant à l'histoire de Blesmes, toujours d'après de Vaverai, au lieu des trois fleurs de lys il est indiqué dans ce même écusson trois têtes de taureaux, mais sans aucune indication des émaux.

Conrad de Vignacourt, marié à Marie de Choisy, eut deux fils de cette union, et une fille : Marie.

1° M. de Vignacourt, comte de Morimont, mort de ses blessures à..... ;

2° M. de Vignacourt, chevalier de Malte, tué à.....

Les deux fils étant morts, la fille devint seule héritière et transmit la seigneurie de Thiéblemont à son époux messire Charles Gestasse, marquis de l'Espéroux au décès de son père, le 17 août 1750.

De Mailhol, dans son *Dictionnaire de la Noblesse française*, prétend que le nom de Gestasse se trouve écrit dans les anciens titres Gestas, Giétas, Gestaas, Genestas et Gestaars. « Cette maison, dit-il, d'ancienne chevalerie a toujours occupé un rang distingué parmi la noblesse des pays de Soule, Armagnac, Nébouzan, et en Champagne, où une de ses branches alla se fixer sous Louis XIII. »

Les membres de cette famille ont presque constamment porté les armes depuis le XIII° siècle, et ont occupé de nombreux emplois militaires.

La famille de Gestas a formé plusieurs branches parmi lesquelles nous trouvons :

1° De Gestas de Mont-Maurin ;

2° De Gestas de Betons ;

3° De Gestas de l'Espéroux.

Armes : *D'azur semé de fleurs de lis d'or, à la tour ouverte, ajourée et crénelée d'argent, maçonnée de sable.*

Couronne de marquis.

Support : deux lions.

Les branches de Mont-Maurin et de Betons ne portent

pas le semé de fleurs de lis, qui est une concession de Philippe V, roi d'Espagne, à la branche de l'Espéroux.

Armoiries de la famille de l'Espéroux, seigneurs de Thiéblemont.

Charles Gestas, marquis de l'Espéroux, fut le dernier seigneur de Thiéblemont. La Révolution survint et entraîna avec elle les derniers vestiges de cette puissance féodale.

Le château construit au centre de Thiéblemont, près de la mairie actuelle, est disparu ; les fossés dont il était entouré sont encore très visibles ; une maison de culture s'est élevée sur son emplacement.

VII

ARMOIRIES
DE LA FAMILLE THIÉBLEMONT

« Gueules est d'après les plus
« excellents blazenneurs d'ar-
« moyries, signal de prouesses,
« valeur et noblesse de sang. »
*Mélanges historialles de
St-Julien de Balleure.*

ARMES : *Échiqueté d'argent et de gueules.*
TIMBRE : *Un casque orné de ses lambrequins.*

Telle est la description des armoiries de la famille Thiéblemont donnée par les *Annales historiques* de M. H. Tisseron, 60ᵉ volume, 2ᵉ série, in-folio, page 21.

Il résulte encore du certificat authentique délivré le 15 octobre 1891, par Mᵉ Girardin, notaire à Paris, enregistré, que ces armoiries ont été enregistrées à l'Armorial général de d'Hozier en 1696, tome 10, page 718 (cabinet des Titres à la Bibliothèque Nationale).

C'est par Nicolas Thiéblemont que ces formalités ont été remplies.

Nicolas fut chanoine de la cathédrale de Langres, de 1665 à 1707, c'est-à-dire durant quarante-deux années. Pour son anniversaire, il donna mille livres à la cathédrale.

Les documents de l'évêché de Langres ne donnent que ces renseignements restreints.

L'établissement de l'armorial général eut pour objet le double but de constater, vérifier et fixer d'une manière invariable les armoiries des familles, tout en accordant à la bourgeoisie vivant dans les villes libres, servant dans les milices, envoyant ses fils à l'armée, ou rendant des services à l'État dans la magistrature, aux consuls, aux échevins, avocats, notaires, etc., un premier degré dans la noblesse, qui leur donnait accès aux charges et aux emplois jusque-là réservés aux seuls nobles.

Toutes les familles inscrites à l'Armorial général, d'antique ou récente origine, ont-elles droit à la qualité de nobles ? La controverse qui peut exister à ce sujet est tranchée par l'édit du 20 novembre 1696, il constate en faveur de tous les inscrits, une distinction dont leurs descendants sont aujourd'hui en droit de s'approprier le titre.

En son article VII, l'Édit de 1696 dispose que « les « officiers, tant de notre maison et celles des Princes et

« Princesses, de notre sang, que ceux d'espée, de robe,
« des finances ou des villes, les ecclésiastiques, les gens
« du clergé, les bourgeois de nos villes franches..., etc....
« jouiront aussi du droit d'avoir et de porter des armes,
« à la charge de les présenter, dans le temps fixé, aux
« bureaux des maîtrises particulières, pour après y estre
« receues et enregistrées à l'Armorial général... »

Les armoiries des personnes, maisons et familles,
ainsi enregistrées, devaient aux termes de l'Édit, leur
être patrimoniales, et pouvaient en conséquence être
mises aux bâtiments, édifices, tombeaux, chapelles,
vitraux, ornements et autres meubles ; elles devaient en
outre être héréditaires à leurs descendants ou collaté-
raux suivant l'état de la succession.

Dans la collection des *Décisions* par Denisart, on lit au
mot : « Noblesse » article 34 : « Il y a des bénéfices et
des dignités ecclésiastiques qui ne peuvent être tenus
que par des personnes nobles, par exemple les cano-
nicats... »

Il ne faut pas oublier non plus que c'est à des vérifi-
cations de noblesse très rigoureuses et très complètes
que se trouvait subordonnée l'admission dans les chapitres d'hommes et de femmes. Les nobles d'extraction
étaient seuls admissibles, et l'on rejetait absolument les
anoblis, du moins ceux de date récente. (*XVIII Siècle*,
par Paul Lacroix.)

On comprend facilement comment il appartint au
chanoine Nicolas de faire enregistrer les armoiries de la
famille et de sauvegarder ainsi ce document inséparable
du nom des Thiéblemont.

Très lettré par sa situation et très au courant de ce
que la monarchie réglementait, il sut remplir à temps
ces formalités qu'aucun autre membre de sa famille,
disséminée un peu partout, n'eût peut-être été à même

d'accomplir, les uns à cause de leur éloignement, les autres à cause de leur ignorance probable de ces exigences nouvelles.

Cette formalité a donc été exécutée au moment où les plus actives recherches étaient faites pour découvrir les faux nobles et les dépouiller de leurs usurpations, car, de 1666 à 1727, à l'instigation de Colbert, il fut procédé à ces opérations.

Par arrêt du Conseil d'État du 16 mars 1667, il fut décidé que ceux qui avaient porté les titres de chevalier et d'écuyer depuis 1560, avec possession de fiefs, emplois et services, et sans aucune trace de roture avant ladite année 1560, seraient réputés nobles de race et comme tels maintenus.

Quant à ceux dont les titres n'étaient accompagnés ni de fiefs, ni de services, on exigea de leur part une preuve de 200 ans de qualification, ce qui, par conséquent, faisait remonter la preuve à 1467, et toujours sans aucune trace de roture antérieure à cette dernière époque.

Le chanoine Thiéblemont ne possédant aucun fief, justifia donc d'une noblesse de deux cents ans, tant pour être admis au canonicat que pour faire enregistrer les armoiries de sa famille.

Peut-être objectera-t-on qu'il s'agit de ses armoiries personnelles et non de celles de sa famille?

A cela je répondrai simplement que si ma démonstration n'est pas considérée comme suffisante en ce qui concerne les armes de la famille, tous ceux qui portent le nom de Thiéblemont ont néanmoins le droit de s'approprier le blason d'un ancêtre incontesté, non seulement par le droit successoral qui nous régit actuellement, mais encore par l'édit du 20 novembre 1696 qui règle le droit de transmission des titres.

A ces explications tendantes à démontrer que l'origine de la famille est très ancienne, il y a lieu d'ajouter que le blason lui-même est aussi de même origine.

Et en effet, on s'est livré à une multitude d'explications et de combinaisons de blasons, mais tout ce qu'il est permis d'admettre c'est que les pièces honorables représentant des figures d'une construction très simple, ont dû, en raison même de leur facilité d'exécution, être adoptées, comme signes de reconnaissances, dès l'origine de l'art héraldique; ce sont celles en effet que l'on rencontre dans les armoiries des plus anciennes familles. (Maigne).

Il est dit encore dans le *Dictionnaire de la Conversation* qu'on ne peut rien conjecturer de la noblesse d'une famille sur la simple notion de ses armes, attendu que la plus illustre race a souvent l'écu le plus insignifiant. Cependant l'expérience a démontré que généralement les armes les plus nobles sont les plus simples, c'est-à-dire les moins chargées. (Lainé.)

Or, la composition d'un échiquier comme figure d'un blason est des plus simples.

Pour terminer cette description, je crois utile de donner ici l'intéressante appréciation que Victor Bouton écrit dans son *Traité des Armoiries* sur les échiquiers (p. 292).

« Lorsque l'écu est rempli de carreaux de métal et de couleur, ainsi qu'un échiquier à jouer, on dit qu'il est *échiqueté, eschiqueté* ou *eschiqué.*

« La figure quarrée, dit La Colombière, est le symbole de la sagesse. Comme les anciens avaient coutume de peindre la Fortune sur une boule, ils posaient la Sagesse sur une pierre carrée, voulant par là donner à entendre que celle-là est mobile et celle-ci ferme, stable et constante. Par la figure et la taille carrée, on représente ainsi la Vérité, la Probité, la Constance, l'Équité ; d'où vient que pour dénoter un homme de bien et vertueux, on dit qu'il est carré, car de quelque côté qu'on trouve la figure carrée, elle demeure toujours droite.

« L'échiqueté est une des plus nobles et des plus anciennes marques de noblesse. Un Échiquier représente aussi un champ de bataille, et les deux espèces d'émaux sont celles des deux armées en présence. Le jeu des échecs, de son côté, étant un jeu par excellence, et son ordonnance ayant été souvent comparée à la marche des affaires de l'État, il est devenu le symbole de l'ordre. Le nom de *Chancelier de l'Échiquier* est resté à un ministre d'État en Angleterre.

VIII

THIÉBLEMONT DE LA MARNE

La famille Thiéblemont dont l'origine, ainsi qu'il a été démontré dans les chapitres précédents, se rattache à la terre, au village et à la seigneurie de ce nom, s'est divisée en plusieurs branches disséminées dans les départements voisins d'abord, puis dans des départements un peu plus éloignés, au fur et à mesure de la multiplicité et de la facilité des communications.

L'une de ces branches existe encore dans le canton de Thiéblemont, c'est-à-dire au pays d'origine, branche très intéressante sur laquelle j'ai des renseignements précis que je suis heureux de faire connaître.

La biographie de chaque sujet, quoique restreinte, mérite toute l'attention.

I. Thiéblemont Nicolas), né vers 1666, marié le 22 juillet 1702 à Jeanne Berchain, en la commune de Robert-Magny (Haute-Marne), canton de Montier-en-Der, arrondissement de Wassy, y est décédé le 23 janvier 1716 à l'âge de 80 ans.

II. Son fils Thiéblemont (Robert) est né en la même commune le 21 juin 1711.

Il fut marié en premières noces à Jeanne Lorrain, et en secondes noces à Marguerite Chrétien, le 2 mai 1753.

Il est décédé au même lieu le 11 avril 1771.

De son second mariage est issu :

III. Thiéblemont (Robert), né également à Robert-Magny le 17 avril 1755.

Il fut marié à Anne Hély le 9 juin 1788, à Mertrud (Haute-Marne), canton de Doulevant où il est décédé le 3 avril 1811.

IV. Thiéblemont (François), fils de Robert, le précédent, né aussi à Robert-Magny le 19 frimaire an IV (1796), fut huissier du canton de Thiéblemont, mais en résidence à Maurupt dans ce même canton.

Il y exerça ces fonctions de 1821 à 1850, et décéda à Maurupt le 23 juillet 1852.

*Signature de Thiéblemont (François), huissier
du canton de Thiéblemont.*

De son mariage avec Marie-Célestine Rougelot, née à Maurupt le 10 août 1795, sont issus deux enfants :

V. 1° Une fille, Thiéblemont (Caroline-Éléonore), née au même lieu le 20 décembre 1819.

2° Un fils, Thiéblemont (Louis-Charles-Édouard), né à

Maurupt le 16 février 1821, qui succéda à son père en qualité d'huissier dans la même résidence, du 5 février 1850 au 6 septembre 1880, date de son décès.

Signature de Thiéblemont (Charles), huissier
du canton de Thiéblemont.

De son mariage avec Armantine Lorée, née à Montier-en-Der en 1832, sont nés deux fils :

VI. 1° Thiéblemont (Henry-Léon), né à Maurupt le 22 novembre 1855 ;

2° Thiéblemont (Louis-René), né au même lieu le 30 août 1861.

Thiéblemont (Henry-Léon) entra en 1881 en qualité de rédacteur à l'Administration centrale de la Guerre où il est actuellement sous-chef de bureau, attaché à l'état-major de l'armée (section du personnel au service d'état-major).

En juillet 1902, il fut nommé chevalier de la Légion d'honneur.

Il est également officier de l'Instruction publique, titre qui lui fut décerné à raison des fonctions de bibliothé-caire-archiviste de la Société de topographie de France, qu'il remplit à titre gracieux depuis vingt-sept années.

Il a été lieutenant d'infanterie territoriale d'état-major ; son âge et son état de santé l'ont obligé de quitter ce grade.

Marié à Jeanne Wéber, à Paris, le 8 décembre 1883, il a deux fils :

1° René, né à Paris le 30 septembre 1884 ;

2° Georges, né à Paris le 23 janvier 1889.

VII. Le frère du précédent, c'est-à-dire Thiéblemont (Louis-René), est un honorable industriel de Pargny-sur-Saulx où il dirige une usine importante de briqueterie et tuilerie avec son beau-frère, M. Henri Huguenot.

Il est maire de la commune de Maurupt.

De son mariage avec Pauline Huguenot en 1888 sont nés trois enfants, deux filles et un fils :

1° Gabrielle, née à Pargny-sur-Saulx le 2 avril 1890 ;

2° Henry, né à Pargny-sur-Saulx le 19 juin 1892 ;

3° Germaine, née à Pargny-sur-Saulx le 21 septembre 1896.

Au § V, Thiéblemont (Louis-Charles-Édouard) eut une sœur : Caroline Éléonore, qui fut mariée à Jean-Eugène Chauré, de Vitry-le-François ; plusieurs enfants et petits-enfants sont issus de ce mariage, parmi lesquels il y a lieu de signaler :

1° Chauré (Lucien), actuellement directeur du *Moniteur d'horticulture*, chevalier de la Légion d'honneur, officier de l'Instruction publique, commandeur du Mérite agricole, chef de bataillon d'infanterie territoriale.

2° Chauré (Jean), fils de Chauré (Lucien), lieutenant au 1er régiment de génie à Versailles.

Au moment où ce feuillet va être imprimé, la France apprend avec consternation la catastrophe survenue le 25 septembre 1909 au ballon dirigeable *République* près de Moulins, à son retour des grandes manœuvres où il avait rendu de signalés services.

Les quatre officiers qui le montaient ont été tués dans sa chute, et parmi eux se trouvait le lieutenant Chauré (Jean), dont je viens de parler, affecté au 25e bataillon d'aérostiers du 1er génie.

Je ne puis que reproduire ici les paroles du Préfet de

l'Allier, elles expriment mieux que je n'aurais pu le faire l'impression ressentie par ce douloureux événement :

« Ces officiers ne se dissimulaient rien du danger qu'ils couraient, mais ils savaient qu'ils travaillaient pour la défense et la grandeur de la patrie, et ils accomplissaient leur devoir avec sérénité.

« Il faut avoir une reconnaissance infinie envers de tels héros. La France l'a bien compris, et le Président du Conseil a tenu à venir placer lui-même sur la poitrine de ces vaillants la croix de la Légion d'honneur et à exprimer au nom du pays en deuil sa tristesse et sa douleur. »

D'imposantes funérailles leur ont été faites à Versailles aux frais de l'État.

Telle est la composition de cette branche actuellement la plus rapprochée du lieu d'origine et dont les attaches aux premiers propriétaires de la terre de Thiéblemont sont certaines.

On trouve ensuite plusieurs autres branches importantes dans l'Aube.

IX

THIÉBLEMONT DE L'AUBE

Thiéblemont (Edme), né en 1801 à Montier-en-l'Isle, arrondissement de Bar-sur-Aube, eut de son mariage avec Reine Bouchard six enfants dont un seul survivant :

Thiéblemont (Alfred), né à Spoy (Aube) le 15 juillet 1835, canton de Vendeuvre-sur-Barse, arrondissement de Bar-sur-Aube.

Au moment où je commençais la biographie de ce membre intéressant de notre famille, une lettre de faire-part m'informe de son décès survenu subitement le 11 mai 1909 à Étampes, où il s'était retiré.

Je ne puis mieux faire dans la circonstance que de reproduire *in extenso* l'article publié sur ce vaillant soldat dans le journal l'*Abeille d'Étampes* du 21 mai 1909, sous le titre « Nécrologie ». Sa vie y est retracée complètement, et par une parole plus autorisée que la mienne, puisqu'elle est étrangère à cette notice :

« L'Association Amicale des Anciens Combattants de 1870-71 vient de perdre son honoré et dévoué secrétaire, M. Alfred Thiéblemont, décédé le 11 mai courant, à la

suite d'une très courte maladie, dans la 74e année de son
âge. Une très nombreuse assistance dans laquelle on
comptait des délégations d'Étampes, d'Étréchy, et d'autres
points de l'arrondissement, suivait son cercueil que pré-
cédait le drapeau de la Société. Sur la tombe, M. Bunel,
vice-président, a rappelé les états de services du défunt,
états particulièrement riches et honorables, comme le
prouvent les nombreuses décorations qui ornaient la poitrine de ce vaillant soldat dans nos réunions et céré-
monies.

« M. Bunel s'est exprimé ainsi :

« Mesdames, Messieurs,

« Chers Camarades,

« Si dans notre petite Société, au fur et à mesure que
les années s'écoulent, nous avons un triste privilège :
celui de venir sur la tombe des camarades leur exprimer
nos regrets et leur dire un dernier adieu — au moins
avons-nous à rappeler qu'ils firent leur devoir de bons
soldats dans de pénibles circonstances et à les citer aux
jeunes générations comme exemples d'endurance, de
discipline et d'amour pour l'armée.

« Le camarade Thiéblemont était certes de ceux-là :
entré au service et incorporé au 77e d'infanterie le
3 avril 1856, caporal le 2 mai 1857, caporal de grenadiers
sept mois après, sergent en 1863, il fit la campagne
d'Afrique de 1864 à 1867 ; promu sergent de 1re classe le
25 juillet 1870, il fit la campagne de 1870 ; fait prisonnier
le 28 octobre à Metz, il passa en captivité du 29 octobre 1870
au 12 juin 1871 à Erfurt.

« Au moment de la réorganisation de l'armée par
l'augmentation des régiments, il passa au 135e d'infanterie de formation nouvelle en 1873.

« Médaillé militaire le 3 février 1875, il prenait, le 1er mai
suivant, une retraite bien gagnée par 20 ans de services
des plus actifs.

« Deux ans après, en 1877, il entrait comme sergent-
huissier-appariteur au 2e Conseil de guerre à Paris.

« En 1879, il se mariait à la femme aimante et dévouée

qui le pleure aujourd'hui et que nous saluons très respectueusement comme veuve, comme femme d'un soldat, et aussi comme Lorraine, de la Lorraine annexée. Elle était restée Française de cœur ; en épousant Thiéblemont elle redevenait Française de France.

« Comme huissier au Conseil de guerre, Thiéblemont fut témoin des sombres et terribles choses de ce procès retentissant que l'on dénomme l'Affaire. Mais jamais il ne fit part à personne des secrets dont il avait le dépôt sacré et qu'il emporte avec lui dans la tombe.

« Le 11 juillet 1898, il était nommé chevalier de la Légion d'honneur, juste récompense d'une longue carrière de devoir.

« D'un caractère aimable et doux, obligeant et dévoué, venant, il y a quelques années, se retirer au milieu de nous, il avait acquis l'estime et les sympathies de tous, ainsi qu'en témoigne d'ailleurs la nombreuse assistance qui nous entoure.

« Je ne puis terminer sans vous donner lecture du dernier acte de l'autorité militaire concernant notre camarade, acte entièrement manuscrit et particulièrement élogieux :

JUSTICE MILITAIRE.

« *Par ordre du Ministre de la Guerre,*

« *Le Général de division gouverneur militaire de Paris, certifie que le sieur Thiéblemont (Alfred), sergent-huissier-appariteur près le 2ᵉ Conseil de guerre de Paris, a mérité un témoignage authentique de l'estime et de la satisfaction de ses chefs pour la conduite régulière, la bonne manière de servir, le zèle et le dévouement par lesquels il s'est fait remarquer pendant le temps où il a été employé dans le service de la Justice militaire.*

« *Paris, 21 mars 1901.*

« *Signé :* A. FLORENTIN. »

« Au nom des Anciens Combattants, j'adresse à sa veuve, à sa famille nos bien vives condoléances et l'expression de nos sentiments sympathiques, et nos adieux émus au bon et loyal serviteur de la France, à l'excellent camarade que nous perdons.

« Adieu, Thiéblemont. »

« L'Abeille offre à Mᵐᵉ Thiéblemont et à sa famille l'expression de ses très sincères regrets. »

M. Amodru, député de l'arrondissement d'Étampes, président de l'Association des Anciens Combattants, informé tardivement du décès de M. Thiéblemont, a adressé à la veuve la lettre suivante :

« *Paris, le 17 mai 1909.*

« Madame,

« J'ai été très peiné d'apprendre la triste nouvelle du malheur qui vient de vous frapper d'une façon si cruelle et je m'empresse de vous dire que je prends la plus grande part à votre deuil.

« Si je n'avais été informé trop tard du décès de votre cher mari, je me serais fait un devoir d'assister à ses obsèques et de vous exprimer moi-même mes condoléances. Cette circonstance m'a empêché de rendre ce dernier hommage à la mémoire du vénérable M. Thiéblemont, pour qui j'avais, vous le savez, une haute estime et la plus grande considération. Je vous en exprime mon vif regret.

« La Société des Anciens Combattants perd en votre cher défunt un de ses membres les plus aimés, les plus justement honorés et dont le patriotisme fut à la hauteur de tous les courages. Elle conservera fidèlement son souvenir.

« Veuillez agréer, Madame, pour vous et votre famille, toutes mes condoléances et mes plus douloureuses sympathies.

« L. AMODRU. »

Tels sont les états de services nombreux de Thiéblemont (Alfred) qui, entré simple soldat dans la carrière militaire, en est sorti avec la médaille militaire et la croix de la Légion d'honneur, dignes récompenses d'une vie de labeur et de devoir irréprochable.

Thiéblemont (Alfred) ne laisse aucun descendant.

X

THIÉBLEMONT DE L'AUBE

AUTRE BRANCHE

I. **Vincent Thiéblemont** (1650).

Dans les actes de baptême de la paroisse de Buxières, déposés au Greffe du Tribunal civil de Bar-sur-Seine, il est fait mention de Jacques Thiéblemont, né le 25 juillet 1691, fils de Vincent Thiéblemont et de Marie Violet.

Au moyen de cet acte on reconstitue facilement la date de la naissance de Vincent, sensiblement rapprochée de celle de Nicolas, le chanoine ; d'un autre côté un rapprochement se fait également pour le domicile de ces deux ancêtres, frères peut-être, c'est que Buxières dépendait du diocèse de Langres à cette époque.

II. **Jacques Thiéblemont**, fils de Vincent, né à Buxières (Aube) le 25 juillet 1691, décédé en la même commune le 18 octobre 1788.

Il fut marié trois fois :

1° Sa première femme fut Marie Gillot ; de cette union naquit Jean en 1751, chef d'une branche.

2° De sa seconde femme il eut : A) Marguerite, née le 11 avril 1767, épouse de François-Étienne Bonneville ; B) Marie-Jeanne, née le 26 décembre 1772, épouse d'Antoine Doussot.

3° De sa troisième femme, Edmée Gauthier, décédée à Buxières le 2 frimaire an IX, il eut Nicolas (29 octobre 1775), chef d'une autre branche.

La famille Vincent Thiéblemont se divise par suite en deux parties principales : la branche Jean, et la branche Nicolas ; la première quitte Buxières, tandis que la seconde continue à y résider.

III. Jean Thiéblemont, fils aîné de Jacques, né à Buxières en 1751, est décédé à Villy-en-Trodes (Aube), arrondissement de Bar-sur-Seine, le 5 juin 1828, à l'âge de 77 ans.

A 25 ans, il se maria en premières noces avec Anne Martin ; en secondes noces il épousa Marthe Gérard, veuve Naullet.

Lors de son premier mariage, il quitta Buxières pour venir habiter Villy-en-Trodes, pays de sa femme.

Les actes de baptême, naissances, mariages ou décès de la paroisse de Buxières sont signés soit par Vincent, soit par Jacques, soit par Jean, souvent pris comme témoins, ce qui indique qu'à cette époque où les lettrés étaient très rares, cette famille faisait partie de l'exception.

De 1772 au 1er novembre 1781, Jean exerça les fonctions de « recteur d'école » ainsi que l'indiquent les documents, fonctions équivalentes à celles de « directeur d'école. »

A peu près à la même époque et avant la Révolution il fut, pendant bon nombre d'années « syndic municipal » de Villy-en-Trodes, titre d'une magistrature municipale dont les attributions avaient une grande analogie avec celles de nos maires actuels.

Un document que nous avons entre les mains établit l'authenticité de ce fait : c'est un tableau de recensement des habitants de Villy-en-Trodes dressé par lui le 11 septembre 1788 et au moyen duquel je puis donner ici un fac-simile de sa signature.

Signature de Jean Thiéblemont.

La réputation de probité et d'honnêteté dont il jouissait lui valut de la part de ses concitoyens la faveur d'être choisi au poste de juge de paix du canton de Marolles-les-Baillys, au moment de la création des justices de paix, fonctions qu'il exerça durant trois années : 1793, 1794 et 1795, ou Ans II, III et IV.

Le canton de Bar-sur-Seine était à cette époque divisé en quatre cantons : Chappes, Marolles-les-Baillys, Virey-sous-Bar et Bar-sur-Seine.

La première loi institutive des justices de paix fut décrétée par l'Assemblée Constituante les 16-24 août 1790 ; les articles 3 et 4 de cette loi disposent que le juge de paix ne pourra être choisi que parmi les citoyens éligibles aux administrations de département et de district, qu'il sera élu au scrutin individuel et à la pluralité absolue des suffrages. La durée des fonctions fut d'abord de deux ans (Loi de 1790, art. 8), puis d'un an (Constitution de 1793, art. 95) ; elle fut remise à deux ans (Constitution de l'An III, art. 212), ensuite fixée à trois ans (Constitution

de l'An VIII, art. 60, et enfin à dix ans (Sénatus-con-
sulte de l'An X, art. 9.

La Charte constitutionnelle des 4-10 juin 1814 sup-
prima complétement l'élection en édictant que les juges
de paix seraient nommés par le roi.

C'est donc par le suffrage que Jean Thiéblemont fut
appelé à exercer ces fonctions durant les années II, III
et IV. En lui confiant le soin de juger leurs différends,
les habitants de ce canton donnèrent à leur concitoyen
une marque de haute estime.

Le canton de Marolles-les-Baillys fut par la suite sup-
primé et réuni au canton de Bar-sur-Seine.

C'est dans les archives du Greffe de la Justice de Paix
de cette ville que j'ai trouvé les documents établissant
les faits ci-dessus relatés, et j'ai eu le plaisir, grâce à
l'obligeance de M. Bailly, greffier, de parcourir quelques-
uns des jugements rendus par ce magistrat.

Au moment de la Révolution, Jean Thiéblemont rendit
un signalé service au seigneur voisin de Villy-en-Trodes,
le comte de Mesgrigny, propriétaire du château de Briel ;
grâce à son intervention Jean préserva le comte de l'écha-
faud et M. de Mesgrigny, pour témoigner à son sauveur
sa reconnaissance, le conviait à sa table le jeudi de chaque semaine tant qu'il vécut.

Ainsi que le prouve sa profession de recteur d'école,
comme l'attestent les fonctions de syndic municipal et de
juge de paix qu'il remplit, Jean fut un lettré, un érudit
de son temps ; il possédait une bibliothèque, fit ses études
de latin, laissa quelques écrits, malheureusement presque
tous disparus, ses enfants n'ayant pas attaché à ces documents toute l'attention qu'ils méritaient.

C'est lui qui eut l'idée première de faire des recherches
sur l'origine des Thiéblemont, et ce sur les indications
du comte de Mesgrigny ; dans ce but il fit un voyage à

Nully, dans la Haute-Marne, où se trouvaient des parents
de son nom ; il en parla fréquemment à ses enfants et
petits-enfants ; mais à cette époque les communications
étaient difficiles, les voyages bien coûteux, les documents
encore épars n'étaient pas suffisamment connus, ceux
qui les possédaient les tenaient encore cachés ou les
avaient détruits, dans la crainte que ces papiers révéla-
teurs d'une origine suspecte n'éveillassent les susceptibi-
lités, les soupçons de leurs concitoyens. Le résultat de
ces recherches ne fut donc pas aussi satisfaisant qu'il
l'aurait désiré. Néanmoins le jalon était posé, il faut
tenir compte de l'effort donné.

D'après les renseignements fournis par les personnes
qui l'ont connu vers l'année 1820, Jean était un vieillard
de taille moyenne, à cheveux blancs, l'œil vif mais doux,
se tenant toujours droit. Il jouissait de l'estime publique
et d'une certaine considération.

XI

BRANCHE JEAN THIÉBLEMONT

De son premier mariage avec Anne Martin, Jean Thiéblement eut neuf enfants dont deux sont décédés en bas âge, les sept autres vécurent de longues années.

De son second mariage avec Marthe Gérard, veuve Naullet, il n'eut aucun descendant.

Voici l'énumération de ses sept enfants et de leurs descendants par ordre de naissance :

1° Angélique (6 janvier 1777 - 28 juillet 1849), épouse François Gigault, de Villy-en-Trodes, vécut 72 ans.

2° Nicolas (décembre 1777 - 6 juillet 1838), marié à Reine Martin de La Villeneuve-au-Chêne, vécut 81 ans.

3° Alexis (1779 - 11 juin 1861), marié à Marie-Anne Martin, de Villy-en-Trodes, vécut 82 ans.

« Il eut 3 enfants : A) Catherine (1833-1851), mariée à
« Léon Soccard, de Villy-en-Trodes, dont sont issus deux
« enfants : Adrienne et Léon Soccard, tous deux mariés
« ayant aussi des descendants. Adrienne est mariée à
« Arsène Drouilly, maire de Thieffrain (Aube).

« *B* Eulalie (1824-1889) mariée à Félix Jacquard, de
« Buxières, dont une fille : Adrienne Jacquard, mariée à
« Jules Cottenet, maire de Buxières.

« *C*) Hyacinthe (1823 - 2 novembre 1902), mariée à
« Jean-Baptiste Gumery, de Mesnil-Saint-Père, dont il fut
« maire de 1857 à 1871, décédé le 2 juin 1881 ; il eut un
« fils, Anastase Gumery, lequel habite la même commune.

4° François (5 août 1781 - 13 décembre 1867), marié à
Annette Martin, de Villy-en-Trodes, vécut 86 ans et eut
3 enfants :

A) François, (4 octobre 1810 - 21 décembre 1879),
marié à Françoise Frison, de Beurey, eut deux enfants :

a) François-Philippe (1ᵉʳ mai 1835 - novembre 1870),
marié à Clémence Seurat, de Magnant, eut trois enfants :
une fille, Laure, et deux garçons jumeaux : Fernand et
Charles. Laure est mariée à Morin d'Amance et a une
fille, Yvonne.

b) François - Marie - Philippe, surnommé le Frère,
(1ᵉʳ mai 1836), marié à Alexandrine Hugot, de Villemo-
rien, a une fille, Léa.

B) Marguerite (1818 - 11 avril 1901), mariée à Philippe
Bernard, eut deux enfants : Alzir à Moscou, et Vitaline,
épouse de R. Chardin, instituteur en retraite.

5° Claude (1 mars 1783 - 8 mars 1839), marié à Ursule
Seccard, de Thieffrain, vécut 87 ans et n'eut qu'un fils :

Maxime (11 mars 1817 - 27 août 1889), marié à Marie-
Anne-Armantine Ruotte, de Longpré, lequel n'eut également qu'un fils :

Maximin (8 juillet 1852), marié à Marie-Elisabeth Chetaud, d'Ormes (Saône-et-Loire), a quatre enfants : Elisa-
beth, Maximilien, Henri et Jean.

6° Anne (26 avril 1785 - 16 novembre 1878, mariée à
Pierre Naillet, de Villy-en-Trodes, vécut 72 ans et eut
trois enfants :

A) Hyacinthe, mariée à Dominique Braley.

B) François, marié à Céline Drouilly.

C) Claude, deux fois marié.

7° Marguerite (28 mars 1793 - 30 mars 1872), mariée à Jean-Baptiste Soccard, qui fut maire de Thieffrain, vécut 79 ans et eut quatre enfants :

A) Léon, marié à Catherine Thiéblemont (voir 3° Alexis) en premières noces, en secondes noces à Olive Gambey, de La Chapelle Saint-Luc.

B) Eugénie, mariée à Eugène Gigault, maire de Thieffrain, eut deux enfants : *a)* Paul Gigault, industriel à Vendeuvre-sur-Barse, ayant un fils : Jean Gigault ; *b)* Arsène Gigault, directeur de la sucrerie de Brienon (Yonne), ayant une fille : Marie-Louise Gigault.

C) Ortaire, décédé célibataire.

D) Bénoni, marié à Léonie Charpentier, a une fille : Clémence, mariée à Paul Bidault ; deux enfants sont issus de cette union : une fille Paule, et un fils Louis.

Jean Thiéblemont laisse donc actuellement quatre-vingt-un descendants dont la génération est régulièrement établie ; avec les alliances il réunit une famille de plus de cent membres.

XII

LES
DESCENDANTS DE JEAN THIÉBLEMONT
BRANCHE MASCULINE
NICOLAS, ALEXIS & FRANÇOIS

Cette biographie se rattachant spécialement au nom de Thiéblemont, je dois m'occuper exclusivement des descendants mâles directs ; cette ligne n'a d'ailleurs été continuée jusqu'à nos jours que par deux enfants de Jean : François et Claude.

Je suivrai l'ordre de l'âge :

1° Nicolas Thiéblemont, deuxième fils de Jean, fut soldat en 1796, 1797 et 1798 ; il fit comme grenadier sous les ordres de Pichegru la campagne de Hollande ; il guerroya quelque temps dans la Prusse rhénane et fut désigné pour aller à Saint-Domingue où une sanglante révolte avait éclaté.

Marié à Reine Martin, il est décédé sans descendants

mâles, ses deux filles, Hyacinthe et Justine, moururent avant lui.

2° Alexis Thiéblemont se maria fort tard avec Marie Anne Martin.

La présence de son frère Nicolas sous les drapeaux au moment de ses vingt ans le dispensa probablement d'être incorporé dans le service actif, mais sa situation de vieux garçon lui valut d'être appelé sous les drapeaux au moment de la grande levée de 300.000 hommes avec laquelle Napoléon Iᵉʳ, de retour de Russie, livra les batailles de Lutzen, Bautzen, Dresde et Leipzig. Il ne partit pas cependant et fut remplacé par son frère Claude dans les conditions que j'expliquerai plus loin.

Il eut trois filles, mais aucun descendant mâle.

L'aînée de ses filles, Eulalie, fut mariée à Jacquard, de Buxières, berceau des ancêtres Vincent, Jacques et Jean.

3° François Thiéblemont eut de son mariage avec Annette Martin deux enfants, un garçon et une fille, François et Marguerite.

Son fils François, né à Villy-en-Trodes le 1 octobre 1810, où il est décédé le 21 décembre 1879, eut de son mariage avec Françoise Frison, de Beurey, deux garçons :

L'aîné, François-Philippe est né à Villy-en-Trodes le 1ᵉʳ mai 1835, et décédé à Magnant en novembre 1899.

Il s'engagea en 1856 au 8ᵉ régiment de cuirassiers où il fit son service en qualité de sapeur. Son régiment tint successivement garnison à Provins, Bapaume et Cambrai. La durée de sa présence sous les drapeaux a été de trente mois et quinze jours, du 8 février 1856 au 22 août 1858, juste durant l'intervalle écoulé entre la fin de la guerre de Crimée et le commencement de la guerre d'Italie.

De son mariage avec Clémence Seurat, de Magnant, où il habitait, sont nés trois enfants :

1° Laure, sa fille aînée, mariée à Morin, d'Amance, a une fille, Yvonne, née le 11 août 1891.

2° Deux jumeaux, Charles et Fernand, nés le 19 mai 1871.

Charles a fait son service militaire au 10° régiment de cuirassiers comme trompette, du 1er mars 1891 au 1er mars 1894, il a tenu garnison à Vouziers, au camp de Châlons-sur-Marne, à Reims et à Lyon.

Fernand de son côté a fait une année de service au 37° de ligne à Nancy.

Ces deux derniers, Charles et Fernand font partie des descendants directs de la famille et du nom de Thiéblemont.

Le second fils de François, le frère de François-Philippe est François-Marie-Philippe, né à Villy-en-Trodes le 1er mai 1836.

Géologue très connu, le Musée de la ville de Troyes possède de nombreux dons faits par lui, résultats de ses recherches et de ses découvertes.

Le *Dictionnaire paléoethnologique du département de l'Aube*, par Philippe Salmon (Troyes, imp. Dufour-Bouquot, 1882), en fait mention à différentes reprises, pages 8, 9, 104, 209, 211 et 213; il y est dit notamment : « Le groupe de Bar-sur-Seine a été étudié avec soin par MM. Pillot, Ray et Thiéblemont... Les découvertes d'objets néolithiques les plus nombreuses ont été faites dans les environs de Troyes et Bar-sur-Seine, grâce aux soins de MM. Adnot... et Thiéblemont... Ce n'est donc pas sur le territoire de Villy-en-Trodes seulement que se rencontrent les lumachelles ouvrées; c'est un argument de moins pour ceux qui voudraient combattre l'authenticité des découvertes de M. Thiéblemont. »

François fit en outre d'intéressantes inventions utiles à l'agriculture, qui furent récompensées à divers concours régionaux, notamment une brouette renversable et un genre de piquet facile et rapide à installer pour clôture en fer.

Il fut lieutenant de la Compagnie des sapeurs-pompiers de Villy-en-Trodes.

Le 9 novembre 1870, il partit comme sergent dans les mobilisés, séjourna à Avallon, Moulins, Toulouse, Issouduu, Limoges et rentra dans ses foyers dans la première quinzaine de mars 1871.

Actuellement il habite l'ancien château de Villy-en-Trodes dont il est propriétaire. Précédemment ce domaine appartenait à la famille de Breuze, d'origine écossaise qui aurait suivi l'infortune des Stuart en France ; les membres de cette famille avaient les titres de seigneurs de Villy-en-Trodes, Éclance, Bergère et autres lieux.

De son mariage avec Alexandrine Hugot naquit une fille, Léa, à Villy-en-Trodes, le 9 août 1889.

François Thiéblemont fut un des plus ardents collaborateurs à la reconstitution de l'origine de cette famille, et les nombreux renseignements par lui fournis ont contribué puissamment à l'accomplissement de cet ouvrage.

Le second enfant de François Thiéblemont et de Annette Martin, son épouse, fut Marguerite, née à Villy-en-Trodes en 1818 et mariée à Philippe Bernard, dont elle eut deux enfants.

Marguerite Thiéblemont habita le château de la famille de Chauménil à Villy-en-Trodes.

LES
DESCENDANTS DE JEAN THIÉBLEMONT
BRANCHE CLAUDE

Claude Thiéblemont est né à Villy-en-Trodes le 4 mars 1783 et décédé à Thieffrain le 8 mars 1869.

Il était de taille moyenne, 1 mètre 65, il avait les cheveux et les sourcils bruns, les yeux gris, le front rond et le visage ovale.

Son instruction primaire, quoique élémentaire, fut cependant assez complète grâce aux leçons de son père Jean, le recteur d'école.

A sa vingtième année, c'était l'époque des guerres formidables du premier Empire, il dut payer sa dette à la patrie et le fit, comme on le verra plus loin, très largement, ainsi que l'indiquent ses états de service.

Son congé militaire porte les mentions suivantes :

« Entré au service au 62ᵉ régiment de ligne le 13 plu-
« viôse An XII ; grenadier le 18 octobre 1808 ; caporal
« fusilier le 11 décembre 1808 ; a fait les campagnes des

« Années XII, XIII, mois de vendémiaire. An XIV, 1806,
« 1807, 1808 et 1809.

« A été blessé d'une balle au genou gauche le 18 octobre
« 1809 à l'affaire de Tamamès (Espagne) et a obtenu son
« congé de réforme à Luxembourg, le 30 octobre 1810. »

Le résumé succinct de ce document en dit beaucoup
plus dans son laconisme que de longues pages laborieu-
sement écrites.

En résumé, Claude fit la guerre durant sept années,
et je lui ai entendu maintes fois raconter avec quelques-
uns de ses compagnons d'armes, que pendant la campagne de Prusse il avait usé une paire de chaussures
sans les quitter de ses pieds.

Il entra en vainqueur dans bien des capitales : Vienne,
Berlin, Dresde, Munich, Varsovie, Madrid.

Pour faire le récit de toutes ses campagnes, ce qui ne
rentre guère dans le cadre de cet ouvrage, il faudrait un
autre volume ; je résumerai seulement, aussi rapidement
que possible, les différentes phases mouvementées de
son existence :

Le 69e de ligne auquel appartenait Claude, faisait partie du 6e corps d'armée commandé par le maréchal Ney,
de la 2e division, général Loyson, et de la brigade Roguet,
colonel Frition. Pour suivre la marche de ce régiment
pendant toutes ces guerres, deux ouvrages sont utiles à
consulter : 1° *Historique du 69e régiment d'infanterie*,
(Henri-Charles Lavauzelle, éditeur, Paris, 1887, place
Saint-André-des-Arts, 11) ; et 2° *Histoire du Consulat et
de l'Empire*, par Thiers.

En juillet 1803, le 69e fut envoyé au camp de Montreuil
pour faire partie du corps d'armée qui devait descendre
en Angleterre, et c'est du camp d'Étaples près Boulogne-
sur-Mer que Claude écrivit à ses parents le 28 août une
lettre que je conserve précieusement ; il y est dit : « Une

« partie des troupes de ce pays va partir, nous étions
« trois divisions à Étaples, la 3ᵉ est partie aujourd'hui,
« nous qui sommes de la 2ᵉ, nous avons l'ordre de partir
« après-demain, toutes ces troupes vont du côté de
Schlestadt. » Et il terminait ainsi : « Salut, Amitié, Fra-
ternité. »

Signature de Claude Thiéblemont.

Voici l'énumération des différents combats et batailles
auxquels il prit part :

Günzbourg, Elchingen, *Ulm*, Scharnitz en Tyrol, Ins-
prück, Klagenfurt en cantonnement, *Iéna*, Weimar,
Erfurt, Magdebourg, Thorn, Soldau, Dantzig, Kœnigs-
berg, *Eylau*, *Friedland*, *Sarragosse*, La Corogne, Saint-
Jacques de Compostel, et Tamamès où il fut blessé.

Rentré dans ses foyers, Claude parvint à guérir sa
blessure et à recouvrer l'usage de sa jambe.

Pendant ce temps, ses compagnons d'armes du 62ᵉ
continuaient à guerroyer dans ce funeste pays d'Espagne.
D'un autre côté, Napoléon faisait la désastreuse campagne de Russie.

Pour combler les vides de son armée, l'Empereur
ordonna une nouvelle levée de 300.000 hommes dans
laquelle se trouvaient compris les hommes non mariés,
moins nécessaires à leurs familles, et ayant acquis la
force virile. (*Consulat et Empire*, Thiers, t. XV, p. 217.)

Alexis, frère de Claude, était compris dans ces derniers et reçut l'ordre de partir.

5

Les récits que Claude avait faits à sa famille de ses campagnes et des souffrances éprouvées, lui avaient fait voir l'état militaire sous une couleur bien sombre ; ajoutez à cela la crainte d'entrer immédiatement en guerre, et l'on comprendra sans doute l'appréhension qu'éprouvait Alexis à partir. Il était enfin habitué à cette vie calme de famille si différente de celle des camps ; mais fidèle observateur des lois de son pays, comme tous ceux de sa famille, il se disposait à quitter ses foyers, le cœur bien gros et l'âme attristée, lorsque Claude intervint.

Celui-ci ému de pitié à l'aspect du chagrin de son frère, lui dit simplement : « Alexis ! tu n'es pas habitué à la « guerre, moi je la connais et ne la crains plus : ma « jambe est guérie, et je marche bien. Reste à la maison, « donne-moi ton sac, je prends le fusil à ta place et je « pars. »

Cette décision spontanée, ce dévouement fraternel porté jusqu'à l'héroïsme, cette résolution d'un grand cœur avaient ému jusqu'aux larmes toute la famille réunie à ce moment, cette famille si heureuse de conserver un fils qui durant sept années avait fait la guerre et que les balles avaient jusqu'alors épargné. Ce fut une bien dure alternative pour tous. Mais sa résolution était prise, Claude quitta à nouveau ce foyer domestique qu'il avait été si heureux de revoir, qu'il croyait ne plus quitter, ce foyer qui lui avait rendu la santé et au milieu duquel il goûtait les douceurs d'un repos si bien mérité. Et ce foyer, il le quitta volontairement, sans y être obligé, simplement pour épargner à un frère qu'il aimait les horreurs de la guerre.

Quel brave cœur que ce Claude, digne fils de Jean ; quel exemple réconfortant pour une famille à cette époque où le scepticisme et l'antipatriotisme font école !

A ce moment les cadres des armées étaient dégarnis,

et à raison de ses antécédents il fut offert à Claude, à sa rentrée au régiment, un grade de sous-officier.

Le régiment dans lequel il fut incorporé fut à nouveau envoyé dans cette Allemagne qu'il avait déjà tant parcourue, et il entra dans la composition du 21e de ligne provisoire.

Le 18 avril 1813, il est à Weimar et revoit ces plaines où il combattit près d'Iéna, à Vierzehnheiligen ; le 1er mai il prend part au combat de Poserna ; le 2 mai à la victoire de Lutzen, sa division est décimée à Gross-Gorchen ; le 21 mai il combat à Bautzen ; du 18 au 23 août à La Bober ; les 16, 17 et 18 octobre à Leipzig et le 30 octobre à Hanau.

Pendant la campagne de France on le retrouve, le 1er janvier 1814, à Luxembourg, et le 1er avril à Metz.

L'abdication de l'Empereur ayant eu lieu le 4 avril, peu de temps après, son régiment tenait encore en échec un corps d'armée Hessois, pour n'ouvrir les portes de Metz que le 17 avril 1814.

Enfin, le 14 mai 1814, la gendarmerie de Troyes lui apportait un nouveau congé, définitif cette fois, pour rentrer au domicile paternel où il revenait encore sain et sauf.

En février 1816, Claude se mariait à Thieffrain où il fixa désormais sa résidence, avec Ursule Soccard, sœur de Jean-Baptiste Soccard, un ancien soldat aussi, cuirassier de l'Empire. Le même jour, J.-B. Soccard épousait la plus jeune sœur de Claude, Marguerite Thiéblemont.

J.-B. Soccard fit la guerre des deux invasions et il était sous les drapeaux au moment de la levée des 300.000 hommes. Il débuta comme simple soldat au 8e régiment de cuirassiers et fut ensuite versé au 1er régiment de cuirassiers de la garde. À la bataille de Fleurus qui précéda celle de Waterloo, il eut un cheval tué sous lui et fut pris dessous ; il prit part à la charge de Mont-Saint-Jean dont il a été un des rares survivants.

Claude Thiéblemont fut nommé sous-lieutenant de la garde nationale le 18 août 1831 ; il reçut la médaille de Sainte-Hélène et fut inscrit à la grande chancellerie sous le numéro 21503.

C'était un homme très calme, d'un grand sang-froid, très réfléchi et parlant peu. Contrairement à l'engouement très compréhensible de ses compagnons d'armes pour Napoléon Ier, il ne partageait pas leur enthousiasme et n'appréciait cet homme qu'au point de vue de l'art militaire, mais il le critiquait pour sa politique et les résultats qui s'en suivirent.

Au physique, je l'ai vu un beau vieillard, toujours droit malgré son grand âge et ses cheveux blancs, ne possédant aucune infirmité, il claudiquait seulement un peu de la jambe gauche, résultat de sa blessure au genou.

Dans son existence si mouvementée il endura bien des souffrances, mais il eut la suprême consolation de finir ses jours dans une belle et paisible vieillesse, à l'âge de 87 ans, au milieu des siens et entouré de leur sincère affection.

Il s'éteignit doucement, sans maladie, sous souffrances, le 8 mars 1869 ; le matin même de sa mort il vaquait encore aux petites occupations de la maison qu'il s'était imposées. Jusqu'à ses derniers jours il s'est rendu utile aux siens.

XIV

LES DESCENDANTS
DE CLAUDE THIÉBLEMONT

Claude Thiéblemont n'eut qu'un fils : Maxime, né à Thieffrain (Aube) le 14 mars 1817.

Ce dernier contracta mariage, le 16 juin 1845, avec Marie-Anne-Armantine Ruotte, de Longpré.

De leur union sont nés cinq enfants dont un seul est resté, les quatre autres étant tous décédés en bas âge.

Maxime fut durant bien des années conseiller municipal de sa commune et adjoint au maire, notamment pendant la période de l'invasion de 1870. Par suite de l'absence fréquente du maire à cette époque il dut remplir les délicates et périlleuses fonctions de ce magistrat, discuter avec les Allemands les réquisitions qu'ils exigeaient et risquer parfois sa vie en soutenant les intérêts de ses compatriotes.

Son épouse, Armantine Ruotte est née le 7 novembre

1821 à Longpré, et décédée à Givry (Saône-et-Loire) le 16 octobre 1891.

Dans sa famille on remarque son père Nicolas Ruotte, qui fut trente ans maire de la commune de Longpré; son frère Félix Ruotte, maire de cette même commune; son neveu, maire de la commune de Magnant; ses cousins, maires des communes de Viviers, Puits et Nuisement, Montmartin, Bligny, Saint-Usage, dans l'Aube, et l'un d'eux M. Maillet, fut président du Tribunal civil de Bar-sur-Seine durant de longues années.

Le fils de Maxime, Maximin, est né à Thieffrain le 8 juillet 1852; il fit ses études au Lycée de Troyes, fut principal clerc de maîtres Royer et Gauthier, avoués en cette ville et passa son examen de droit à la Faculté de Paris le 2 août 1876.

Par décret du 5 mars 1881, il fut nommé greffier du Tribunal de commerce de Tournus (Saône-et-Loire) et se maria le 18 octobre de la même année avec Élisabeth-Marie Chetaud, d'Ormes.

Un décret du 4 mai 1888 le nomma juge de paix et il remplit ces fonctions dans les localités suivantes : La Guiche, dans le Charollais; Givry, près Chalon-sur-Saône, et La Ferté-Alais (Seine-et-Oise) où il réside actuellement.

De son mariage sont nés : Élisabeth, Maximilien, Henri et Jean.

Henri, né à Ormes le 21 août 1887, est actuellement aérostier au 1er régiment du génie à Versailles, au camp de Satory.

Maximin fut en outre délégué cantonal de la ville de Paris (IVe arrondissement) durant quatre années. Il est officier d'Académie.

AUTRE BRANCHE
DE JACQUES THIÉBLEMONT

Jacques, en dehors de Jean, eut un autre fils du nom de Nicolas, provenant de son troisième mariage avec Edmée Gauthier, lequel forme souche masculine d'une autre branche continuant le nom de Thiéblemont.

Nicolas, né à Buxières le 29 octobre 1775, est décédé en cette commune le 17 avril 1825.

De son épouse Marie-Jeanne Huot, décédée à Buxières le 2 mars 1826, naquit un fils :

Remy-Nicolas Thiéblemont, né à Chervey le 23 février 1811, épousa, le 18 avril 1836, Madeleine Drouilly à Thieffrain où il résida définitivement. Il eut trois enfants tous nés en cette dernière commune :

1° Gérasime ; 2° Emmanuel-Alphonse ; 3° Félicienne.

Emmanuel-Alphonse Thiéblemont, né le 1er mars 1839, épousa, le 17 novembre 1863, Adèle-Aglaé Dadier, dont il eut deux enfants :

1° René-Cléophas, né à Thieffrain le 6 février 1864 ;

2° Eugénie, née au même lieu le 11 janvier 1870.

René Thiéblemont est le seul continuateur de cette branche. Il fit son service militaire au 21e régiment d'infanterie à Langres.

XVI

POUR TERMINER

————

Il existe encore d'autres familles du nom de Thiéblemont, celles qui n'ont pas répondu à mon appel ; il m'est donc impossible de donner aucune biographie, aucun renseignement sur elles.

Mes propres recherches m'ont permis seulement de constater que des personnes de ce nom existent encore à Paris, à Nully, à Montier-en-Der, à Wassy, dans le département de la Meuse ; j'ai rencontré un Thiéblemont, vicaire à la cathédrale de Troyes, un autre à Langres plus tard, c'est probablement le même. Il y eut un notaire de ce nom à Bar-sur-Aube. Une importante maison de bonneterie a été fondée à Bordeaux par M. Thiéblemont-Blaise, porté sur la liste des notables commerçants de cette ville.

Je termine en citant M. Thiéblemont, huissier à Saint-Florentin (Yonne), et M. Thiéblemont, syndic de faillite à Troyes.

Étant donné l'extension des communications qui s'est produite depuis quelques années, il ne faut pas s'étonner que cette famille, cantonnée dès le début et depuis des temps reculés près du lieu de son origine, ait pris son essort et se soit installée dans des contrées plus éloignées, suivant les aptitudes, les goûts et les besoins des membres divers qui la composent. Mais consultez tous ceux que vous rencontrerez portant ce nom, tous vous répondront que leurs parents ou leurs ancêtres sont originaires de la Champagne, c'est-à-dire de Thiéblemont.

Cette notice est achevée : les écrivains s'excusent généralement de la longueur de leur œuvre : moi je m'excuserai de la brièveté de la mienne, brièveté imputable aux autres branches de la famille Thiéblemont restées muettes et qui n'ont pas voulu se faire connaître.

Néanmoins, le petit noyau groupé dans les précédents chapitres, composé exclusivement de personnes qui ont su conserver intact l'honneur du nom de la famille, connaîtra désormais, grâce à cette publication, son origine commune, il s'estimera et s'aimera, j'en ai l'espoir : ce résultat est la seule récompense que j'ambitionne pour ce modeste travail.

Enfin je termine par où j'aurais dû commencer, en adressant ma vive gratitude aux dévoués collaborateurs qui m'ont puissamment aidé et encouragé.

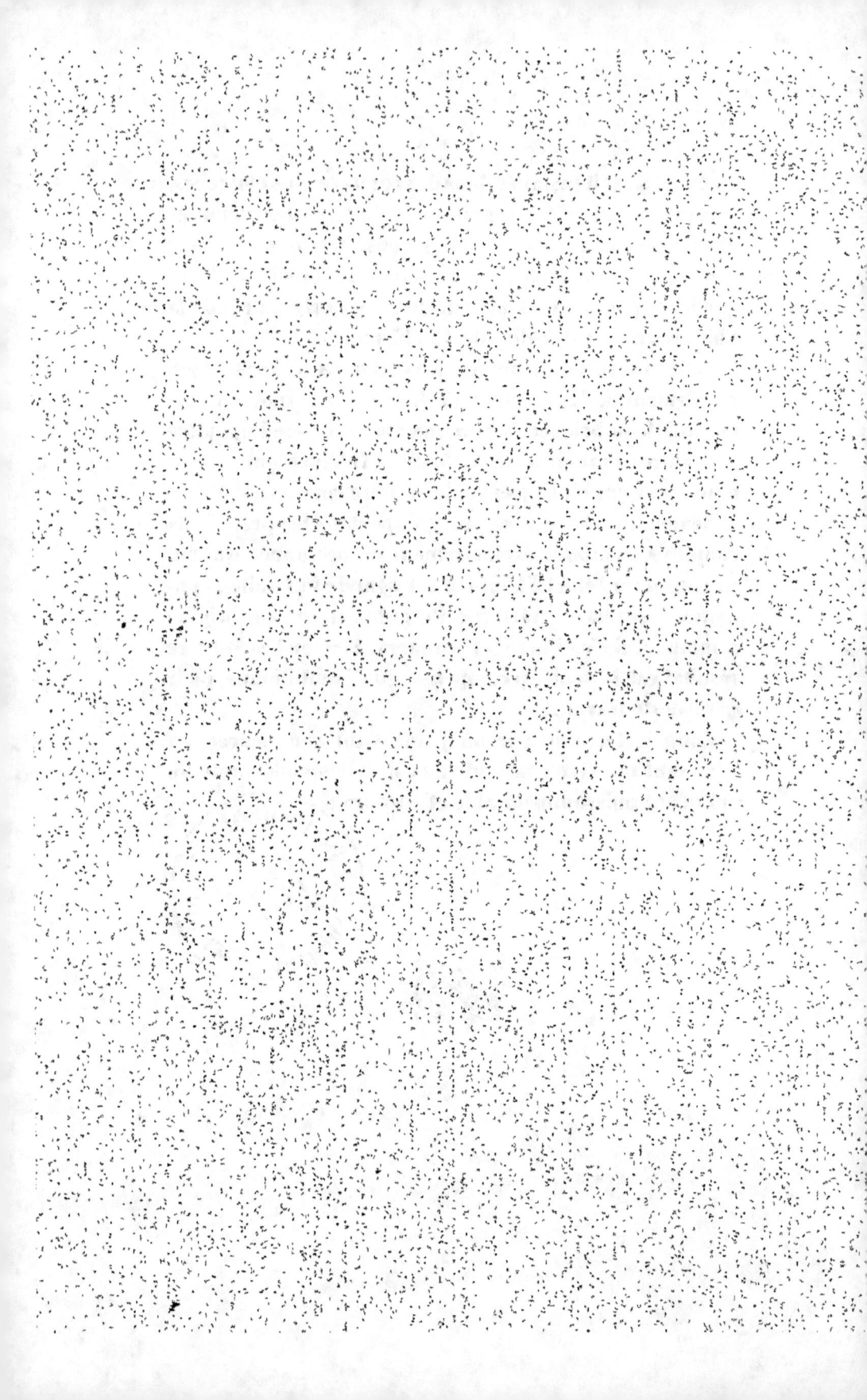

TABLE

		Pages.
	Préface......................................	1
I.	Origine du nom..............................	3
II.	Origine de la famille. Ancienne extraction.......	10
III.	La particule « de »..........................	15
IV.	Les ancêtres................................	19
V.	Les anciens seigneurs, la famille de Choisy......	25
VI.	Suite et fin des seigneurs de Thiéblemont : les familles de Vignacourt et de l'Espéroux.........	33
VII.	Armoiries de la famille Thiéblemont.............	36
VIII.	Thiéblemont de la Marne......................	42
IX.	Thiéblemont de l'Aube........................	47
X.	Thiéblemont de l'Aube, autre branche...........	51
XI.	Branche Jean Thiéblemont.....................	56
XII.	Les descendants de Jean Thiéblemont, branche masculine : Nicolas, Alexis et François........	59
XIII.	Les descendants de Jean Thiéblemont, branche Claude..................................	63
XIV.	Les descendants de Claude Thiéblemont.........	69
XV.	Autre branche de Jacques Thiéblemont..........	71
XVI.	Pour terminer...............................	72

198

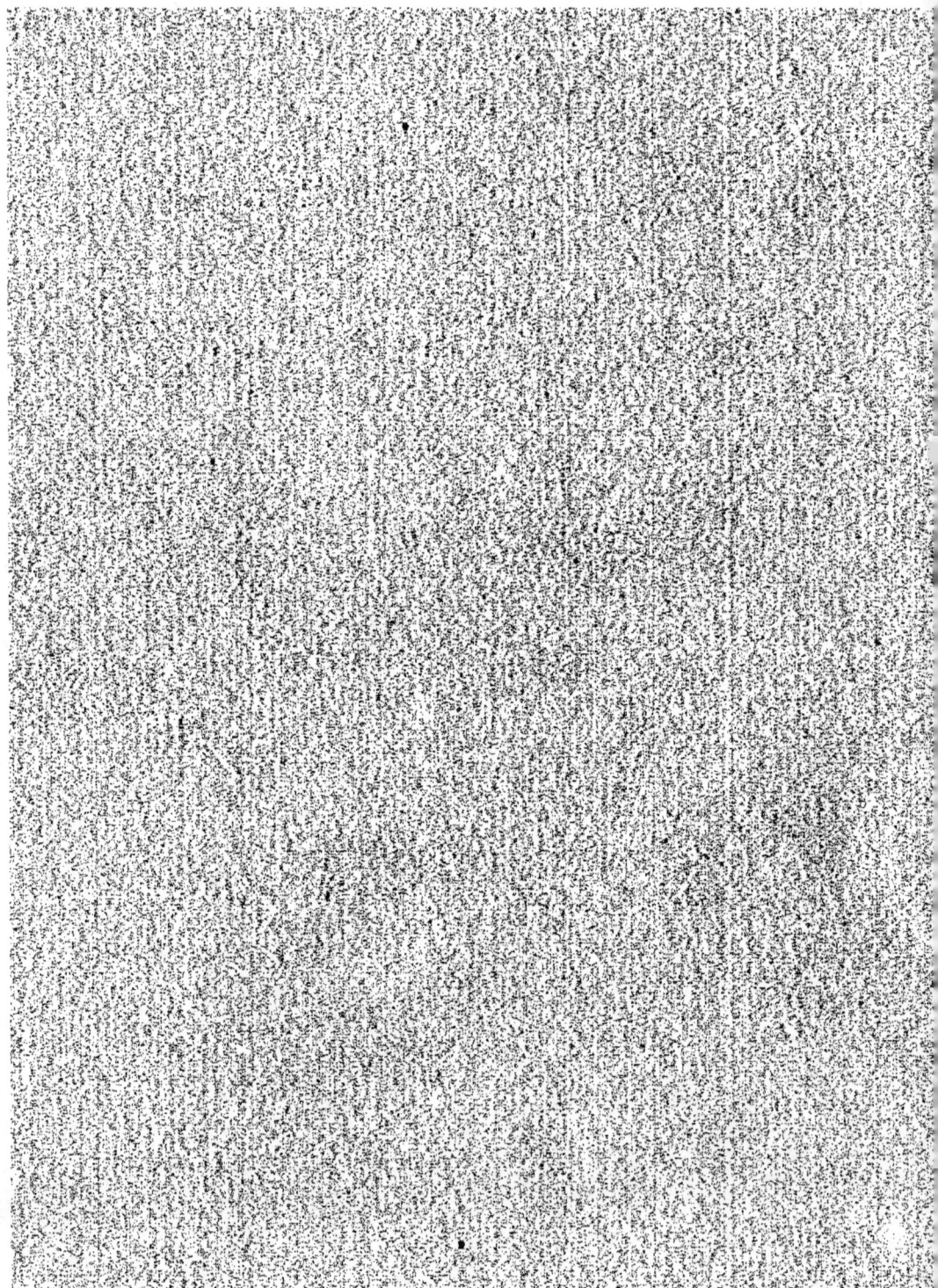

www.ingramcontent.com/pod-product-compliance
Lightning Source LLC
LaVergne TN
LVHW020950090426
835512LV00009B/1808